Ouvrage portant la marque de l'éditeur
Cazel, mais publié en réalité par Auguste
le Gallois, avec une couverture de Nadar.
Selon Jacques Crépet, une partie des articles est dûe à Charles Baudelaire, à
Georges-Marie Mathieu Dairnvaell, à Alexan-
dre Privat d'Anglemont, à Fortuné Mesuré,
à l'Abbé Alphonse-Louis Constant.
cf. Baudelaire et xxx . Mystères galans
des Théatres de Paris avec une introduction
et des notes de Jacques Crépet.- Paris,
Gallimard, 1938. In-8°.

[B.N. Rés. p. Yf. 388

MYSTERES GALANS DES THÉATRES DE PARIS.

CAZEL ÉDITEU

LERIE DE L'ODE

PARIS 135 RUE St JACQUES 1844

10458

LES MYSTÈRES GALANTS

DES THÉÂTRES

DE PARIS.

(ACTRICES GALANTES.)

SOMMAIRE.

MYSTERES GALANS
DES THÉATRES DE PARIS.
ACTRICES GALANTES
ACTION
ACTRICES TRES GALANTES
CAZEL
ÉDITEUR
ALERIE DE L'ODEON
PARIS
135 RUE St JACQUES
1844

Imprimerie de Worms et Cie, boulevard Pigale, 46.

AVANT-SCÈNE.

Avant de lever le rideau qui cache vos amours dorés, deux mots, s'il vous plaît.

Croyez-vous bonnement que nous allons dire de vous tout ce que nous savons? croyez-vous que nous allons redire ici tout ce que vous dites dans vos foyers? Mais nous n'oserions répéter la millième partie des propos obscènes qui font les délices des foyers de vos théâtres. Nous n'oserions comme vous, Mesdames, conter des anecdotes grivoises, triviales et décolétées jusqu'à la cheville ; nous n'allons pas non plus dessiller les yeux de vos Turcarets mystifiés, et leur dire quels sont les Arthurs que vous leur préférez.

Nous allons cependant, d'après vous, Mesdames, faire un bien mauvais livre, car déjà l'une de vous

1

a traîné son titre devant les tribunaux, et cela, avant que les compositeurs d'imprimerie aient déchiffré la copie des auteurs. Que sera-ce donc le jour de l'apparition !

Pauvre petit livre, tu seras donc bien méchant ! tu déchireras donc à belles dents bien des robes de soie, bien de beaux seins, bien de belles épaules, bien des.... j'allais dire des cœurs. Cela n'arrivera jamais, et pour cause; tu déchireras, ô pauvre livre, bien des jeunes filles soi-disant innocentes, entretenues et persécutées. On dit que tu calomnieras et que tu fouleras aux pieds toutes convenances. Tu seras donc un livre infâme, un de ces livres que des mains clandestines viennent déposer dans les boudoirs ténébreux. Tu n'auras donc place que sur les planches des bibliothèques secrètes que le grand' père cache à son petit-fils, et que celui-ci n'ouvre qu'après décès!

Oh! tu ne le soupçonnais pas ? mais tu as déjà fait beaucoup de bruit. Tu as déjà une célébrité à laquelle tu étais bien loin de t'attendre. Grand merci aux tribunaux.

Il y a un vieux proverbe, qui dit : *Personne n'a paroles morales, comme qui a vie débauchée.* Depuis quelque temps, nous en reconnaissons la vérité à toute heure. Chacun veut garder sa réputation intacte, quoique faisant, au vu et au sû de tout le monde, tout ce qu'il est nécessaire pour la perdre à tout jamais. On agit au milieu de la rue, et on ne veut pas que les passants vous voient.

Il est question de publier un livre ayant pour titre : *les Actrices galantes;* une jeune tragédienne s'insurge. Les Actrices galantes, dit-elle? Mais c'est de moi dont on veut parler ! c'est moi qu'on veut calomnier ! On veut pénétrer au sein de mon foyer domestique, pour aller ensuite clamer en tous lieux les secrets qu'on y aura surpris. On veut s'immiscer malgré moi dans ma vie privée. Ah ! dans quel temps vivons-nous ! Il n'y a plus rien de sacré ! La vie privée n'est plus une chose sainte ! Malheur ! malheur ! malheur à celui qui a eu l'intention de lancer ce livre, il paiera pour les insolents qui l'ont osé écrire.

Et la voilà usant du papier timbré, assignant M. Legallois, éditeur, et les gérants du *Constitutionnel* et du *Courrier Français*, parce que l'un avait eu l'audace de faire annoncer ce livre dans les journaux de ces messieurs.

Et des magistrats, des hommes graves, sont appelés à prononcer si, en pareil cas, l'intention vaut le fait. On astreint des hommes d'âge à venir écouter, pendant deux grandes heures, les condoléances d'une ci-devant bohémienne, véritablement ingrate à l'endroit de l'éditeur des *Actrices célèbres*. Ce malheureux jeune homme, innocemment compromis par notre entreprise, et absorbé par une sérieuse publication, fatigué, découragé, mais non effrayé par les clameurs qui le poursuivent, nous a prié de porter ailleurs notre petit livre, lequel faisait un agréable et satirique pendant à l'élogieux trophée qu'il dressait à ces dames dans ses *Actrices célèbres*; l'équité de sa cause, mise en doute par la malveillance savante du *Siècle* et de la *Gazette de France*, a été vérifiée par les tribunaux. La nôtre sera jugée par le bon sens public.

Voici une lettre fort agréable, qu'un homme d'esprit lui a adressé à ce sujet.

Monsieur,

Je n'ai pas besoin de vous donner les moyens à employer pour gagner votre cause. Votre avocat les connaît mieux que moi. Cependant je vous résumerai en deux mots notre conversation d'hier.

1° On ne peut juger que sur un fait établi, et votre publication n'est encore qu'à l'état de projet.

2° Les termes de votre annonce ne sont nullement compromettants pour vous. Le mot GALANT signifie (d'après la dernière édition du Dictionnaire de l'Académie) : *qui a de la probité, civil, sociable, qui a des procédés nobles ;* GALANTERIE, *agrément, politesse dans l'esprit et les manières.*

J'ai bien l'honneur de vous saluer.

E. B.

Et maintenant la cause de ce gentilhomme jugée, la nôtre gagnée d'avance, flamberge au vent, trempons la plume dans l'écritoire, et sus commençons.

COULISSES.

Du temps que les actrices avaient du talent, dans ce bon vieux temps si calomnié et pourtant si regretté, dans le temps, où l'on portait épée et où l'on savait s'en servir, où la police correctionnelle, et les procès en diffamation n'étaient pas encore inventés à l'époque où l'on suivait et où l'on respectait les convenances, parce qu'on les connaissait et qu'on savait où la vie privée avait le droit de commencer et où elle devait finir. A cette époque, disons-nous, il y avait de nobles catins qui payaient tailleurs, brodeuses et tapissiers et surtout les pauvres de la paroisse, avec les revenus d'une débauche presque sainte. On connaît mademoiselle Mézerai, qui, chaque fois qu'on lui réclamait une dette ou un bienfait, présentait deux énormes vases qui reposaient sur sa cheminée où allait s'engloutir tout ce bienfaisant Pactole qui afflue chez une jolie femme.

Hélas ! dans le malheureux temps de MM. Buloz et compagnie, il en est bien autrement. Aujourd'hui lésinerie, vertu, cupidité, mariage, avarice, *libidinosité* sordide, sont choses qui vont de pair, comme une affreuse alliance de péchés vraiment capitaux. Depuis longtemps, il n'y a plus de boudoirs ni de marquis oisifs et généreux. Le vice a ses endroits où il va s'écouler à ses heures, où la puissance est cotée à tant la minute. Le commerce et la vertu ont tout envahi même l'amour, affreux amalgame de mots qui ont d'abord l'air de hurler, mais qui s'accordent très bien dans le cœur de Mlle *Sylvanie* et dans l'esprit judaïque de nos prosaïques contemporaines. Que nous parlez-vous des Rohan, des Soubise, des Guemenée et des Richelieu? N'avez-vous pas aujourd'hui MM. Hiéronyme Pichon, lord Arundell et pas mal d'amateurs de rosses plus ou moins arabes, qui lésinent sur leur débauche, et grapillent sur le revenu du rat qu'ils paient, on ne fait aujourd'hui que de la débauche *pot-au-feu!*

Oh! aimable Mézerai, que sont devenus tes deux pots de porcelaine? Celles qui t'ont succédé font, à leur mari, des enfants qu'il ne fait pas, et paient les mois de nourrice avec l'argent des meurts de faim qui leur font des rôles. Certes, la mairie connaît les noms de baptême de ces demoiselles, mais ils ne sont pas inscrits sur les registres du paradis, où Magdelaine, Mézerai, Marie l'Egyptienne et Clairon chantent les louanges du Seigneur qui pardonne tout à ceux qui ont beaucoup aimé,

Notre projet est, ami lecteur, de médire le plus possible de ces dames et demoiselles (médire n'est pas calomnier). De quel droit, direz-vous ? Vous surtout, fils de pair de France ou héritier présomptif de quelque confiseur, qui payez, avec l'argent de votre papa quelques-uns de ces savants baisers qu'ont parfumés, il y a dix ans, nos pommes de terre frites et notre eau-de-vie. De quel droit, direz-vous, percer les murailles de la vie privée ? Et d'abord, mon ami, entendons-nous bien sur le sens de ces mots : Vie privée.

Pour quelques femmes, la vie privée est l'asile inviolable, où elles nourrissent leurs enfants, ceux qu'ont faits leurs maris. Celles-là ne nous regardent pas.

Pour d'autres, c'était un boudoir bien clos de rideaux et de tapisseries, où, quand portes et fenêtres étaient bien fermées, le lecteur, le curieux et le feuilletonniste n'avaient rien à voir.

Mais, hélas ! pour la plupart de celles dont nous parlerons, la vie privée, ô honte ! *ô tempora ! ô mores !* c'est le trottoir, tout au plus la coulisse. A force de se marier et d'être plus ou moins bâtards de faux grands seigneurs, ces demoiselles ne voudraient pas qu'on ne vît et qu'on n'écrivît les défauts de leur genou et de leur cheville, que les quinquets de la rampe n'éclairent que trop bien, leur grossesse publique mal déguisée par l'ampleur de leurs robes ;

si c'est là de la vie privée, il est certain que M. Théophile Gautier peut se promener *en sauvage* sur le boulevart en réclamant la discrétion de tous les passants.

Au profit de qui la liberté fut-elle inventée depuis quelques années? de Mlle Sylvanie ou de nous? Qu'elle soit aussi bêtement infâme qu'elle le voudra, j'y consens, mais puis-je échapper aux indiscrétions de son portier? de ses nombreux amants? puis-je défendre aux minces cloisons du Café-Anglais, de laisser transpirer les blasphèmes et les obscénités que profèrent toutes ces jolies bouches avinées? Suis-je libre de fuir les cancans de la mère de ma maîtresse? Comment puis-je échapper à la feuille publique qui nous raconte les *engueulages* de Mlle Florence et de Mlle de Bongars, laquelle réclame cinq cents francs prêtés à sa douce camarade, laquelle prétend que les cinq cents francs ont été remis à son amie Esther par lord...., lequel a peut-être *floué* sa protégée, comme tout lord constitutionnel a le droit de le faire, comme Esther en avait effarouché un autre.

Puis-je empêcher mon ami M....., juge-de-paix de mon quartier, de me raconter au coin du feu, comme quoi, le matin, ont été assignés à comparaître par-devant lui Mlle ...., actrice des Variétés, M..., bijoutier, et un Arthur quelconque, réclamant chacun un écrin qui n'avait pas été payé.

Puis-je n'être pas, quand mon métier m'y ap-

pelle, au foyer du Théâtre-Français, où l'on me
glisse à l'oreille qu'un jeune marin de haute naissance a surpassé Hercule dans le plus classique de
ses travaux. La jeune Melpomène elle-même s'en
est vantée, plus que d'un sonnet que Corneille ou
Racine lui aurait adressé. Du reste, cela fait honneur au jeune marin, nous ne l'envions pas, mais
nous l'estimons, quand cela ne serait que pour la
vigueur dont il a fait preuve en cette circonstance.

Et vous appelez cela de la vie privée? allons
donc !

Celles qui vous ont devancées, Mesdames, qu'on
nommait Duthé, Clairon, Sainval, Sophie Arnould,
Adrienne Lecouvreur, aspiraient moins que vous à
la vie privée; elles savaient qu'elles n'y pouvaient
plus prétendre. Elles se contentaient d'avoir beaucoup de talent et beaucoup d'esprit. Aucune n'a eu
l'idée de dénoncer au procureur du roi, près le Châ-
telet, le spirituel gazetier Bachaumont, qui les il-
lustrait en propagandant leurs gaillardises. Elles
l'eussent volontiers remerciées, ce que vous ne ferez
pas, Madame, à l'apparition de notre petit livre.
Leur cœur était, il est vrai, exposé au public, au
grand jour de la rampe, mais il appartenait à qui
avait assez d'esprit ou de rouerie pour le voler.

Elles recevaient, à leur petit lever, d'illustres
poètes, qui apportaient de beaux sonnets à leurs
beaux yeux. Oseriez-vous nous dire, Mesdames, les

noms des malotrus que vous recevez à votre petit coucher? Malgré que vous ayez beaucoup d'enfants, que vous mettiez énormément à la caisse dépargne, vous n'avez pas encore le port assez imposant pour jouer le rôle de la déesse de la Raison.

Notre brochure s'appellera *les Actrices galantes*. Eh bien ! vous ne nous rendez pas grâces ! filles de rentiers, tout au plus bonnes à filer de la laine dans les drames de la nouvelle école; nous sommes vraiment bien bons de vous dire *galantes*. Si vous êtes véritablement filles galantes et bien élevées, vous nous apporterez chacune votre écot d'aventures grivoises, de quolibets gaillards, d'anecdotes musquées, de dentelles chiffonnées, de linge taché, et vous nous remercierez de vous avoir illustrées un peu malgré vous. *Prosit mihi vos dixisse puellas.*

LE CHAPITRE DES EXPLICATIONS.

Tout sujet se divise naturellement, quelque riche qu'il soit, et le nôtre ne l'est pas peu. Nous pourrions classer nos héroïnes de la manière qu'il suit :

La sociétaire ;

L'actrice flottante ;

L'actrice lorette, qui joue le moins possible;

La débutante ruinée, qui guigne un protecteur à l'avant-scène;

Le rat qui trotte et qui gruge, et que plus poliment nous aurions appelé *souris*;

L'actrice déjà chargée de chevrons, qui sait le fort et le faible du métier;

La donzelle inexpériente qui veut l'apprendre;

La tragédienne qui désire entortiller un millionnaire dans les pans de sa robe classique;

Et l'ingénue de cinquante ans qui, découragée par ses défaites, veut apprendre aux musiciens de l'orchestre à seriner des motifs d'amour conjugal.

Mais toutes nos héroïnes ayant été tour-à-tour chacun de ces caractères et de ces types, suivant les chances de l'amour et l'éclat éphémère de leur voix ou de leurs yeux, nous préférons traiter notre sujet au hazard, suivant l'aimable désordre qui a présidé à leur vie.

Nous avions oublié un type, devenu aujourd'hui trop commun ; cet oubli était excusable, vu la mélancolie et la banalité de la chose ; nous voulons dire l'actrice mariée. Mais la conscience de notre sujet nous l'impose, nous ne reculerons pas devant l'horreur qu'il nous inspire.

Comme nous voyons peu de différence entre le vice et le vice, qu'il coûte cher ou peu, nous n'en ferons pas de distinction ou de fausse aristocratie; nous rendrons honneur à chacun et à chacune, et nous parlerons de Bobino comme de la Comédie-Française, de l'Opéra et des Funambules. Néanmoins, l'étiquette à laquelle les rois obéissaient et à laquelle ces *impures* n'obéissent plus, nous impose de vous parler d'abord de Célimène, d'Aramenthe, d'Agnès, de Marton, etc.

ESTELLE DE KANKAN,

actrice choknosophe.

La jeune Estelle naquit à *** d'une famille noble, riche et honnête, ce qui est rare. Sa mère, restée veuve, chercha de bonne heure à vaincre ses mauvaises qualités et à cultiver son cœur. Si vous le permettez, nous allons lui laisser, à elle-même, le soin de conter son histoire.

— « Messieurs, nous dit-elle, je n'ai pas toujours eu le bonheur de cultiver le cancan, et je n'ai pas toujours exploité, sur les planches d'un théâtre, le brevet d'indécence qui me rapporte aujourd'hui des écrins et des magots; mais j'ai été de très bonne heure bavarde et curieuse à l'excès; à part ces défauts, j'avais toutes les vertus.

« Je vous dirai d'abord que je détestais les hommes. »

— Ah bah! repliquais-je, le goût n'est pas nouveau; à voir comme vous les plumez, je crois que cette passion existe encore. »

— « Erreur, Messieurs, profonde erreur, car j'aime l'homme en général, et je mange avec Arthur, tout ce que me donne mon vieux magot. Mais pas de digression. Ma mère, qui s'y connaissait, m'en avait fait un tel portrait des hommes, que j'avais un extréme désir de voir ce monstre dont j'apprenais sans cesse à maudire le nom.

« A l'âge de quinze ans, je ne pus vaincre la curiosité qui me poussait à vouloir connaître les hommes, n'y pouvant résister, je m'échappai de la maison pendant que tout le monde dormait, et je courus devant moi sans trop savoir où j'allais, craignant et désirant à la fois de rencontrer cette méchante bête que l'on appelle l'homme. Epuisée de fatigue, après une course de quelques heures, je m'étendis au pied d'un buisson où je ne tardai pas à m'endormir ; mais quelle ne fut pas ma surprise le lendemain en me réveillant, d'apercevoir, non loin de moi, une créature humaine vêtue d'une manière bizarre et qui m'inspira, subitement, un vif intérêt de sympathie ; j'avais alors tant d'innocence, que je crus, d'abord, que c'était une petite fille comme moi (Estelle rougit et soupira). Son visage, quoique moins délicat que le mien, me paraissait plus beau. Nous nous regardâmes longtemps sans rien dire ; enfin mon inconnu m'adressa la parole. — « Mon camarade, me dit-il, pourriez-vous me dire où je pourrais trouver une femme ? Mon père, en me conduisant à la chasse avec lui, m'a dit que de toutes les bêtes c'était la plus féroce et la plus redoutable ; il a ajouté qu'il était impossible de se défendre contre elle et que son regard est mortel. En vain l'ai-je prié et supplié de me décrire la femme pour que je pusse l'éviter, où bien en prendre une toute jeune pour l'apprivoiser, il n'a jamais voulu écouter mes prières, et, comme je suis aussi curieux que courageux, j'ai pris mon fusil et me voilà. Comme je vois à votre costume que vous n'êtes pas de ce pays, je vous prie de me dire où je pourrais trouver des femmes; ou si vous l'aimez mieux, vous êtes beau, vous me plaisez, associons nos destinées et partageons tous deux les mêmes périls et les mêmes fatigues.

« Je ne savais que répondre, et je le regardais avec étonnement. — Mais, n'êtes-vous pas vous-même une femme, lui dis-je.

— Une femme!!! s'écria-t-il. Oh! ne le craignez pas. Je suis un homme, et vous voyez mes armes, ainsi n'ayez pas peur, je saurai vous défendre. Que vous dirai-je enfin, après plusieurs questions nous nous rapprochâmes bien près, bien près, et nous satisfîmes notre curiosité avec un plaisir qui nous vengea des mensonges de nos parents. Nous étions si contens de notre découverte, que nous résolûmes de nous venger des contes que l'on nous avait faits, en ne plus nous quittant. Cependant, après avoir passé quinze jours dans les forêts, je me sentis de nouveau en proie aux aiguillons de la curiosité, et je voulais connaître d'autres hommes pour en faire la différence.

Je ne sais comment cela se fit; mais, pendant que mon ami était à la chasse, je sentis le besoin de prendre l'air, et je m'éloignais de la grotte qui nous avait servi d'asile. Je marchais, je marchais, et bientôt j'aperçus une grande maison sur laquelle on lisait en lettres rouges : ICI ON VEND A BOIRE ET A MANGER. J'ai su plus tard que j'étais en Normandie, où l'hospitalité se vend et ne se donne pas. J'entrai sans plus y prendre garde et j'allais m'asseoir à une table ; bientôt un homme vint auprès de moi et l'on nous servit. Je ne vous répéterai pas toutes les jolies choses que mon voisin me dit ; tout cela me plut, bien que ce fut un peu leste.

Mon voisin était jeune et beau, et de plus il avait beaucoup de poils sous le nez. Comme je n'en avais pas vu à mon ami, je lui demandais en rougissant s'il était un homme. Il rit de ma question à gorge déployée. Ayant fini de dîner, je me levais pour sortir ; mais le maître de la maison m'arrêta et me présenta un chiffon de papier qu'il appelait ma carte. Mon voisin se leva alors et dit : C'est bien, mettez cela sur mon compte. Après cela, il me demanda si j'étais fatiguée, et sur ma réponse affirmative, il me conduisit dans sa chambre. Ma curiosité y gagna beaucoup ; mais, en historien fidèle, je dois avouer que je fus loin de m'y reposer. Mon amant était un jeune officier de marine ; il me fit bientôt oublier mon jeune ami ; mais il partit en me faisant jurer une fidélité que malheureusement j'ai depuis bien oubliée.

Le lendemain de son départ je fus entendre le sermon d'un révérend père. Il parlait avec tant de feu des tentations de la chair, que j'eus la curiosité de voir s'il en savait autant que mon officier. Je sus bientôt à quoi m'en tenir. Cela dura longtemps, et je me fis dévote.

Cependant un *loup-cervier*, charmé de ma vertu, de ma beauté et de mon innocence, me conduisit à Paris. J'y satisfis ma curiosité, et je donnais à mon banquier des droits qui furent amplement partagés.

J'étais le jour à Notre-Dame-de-Lorrette et le soir à l'Opéra, je menais un tel train que mon *loup-cervier* fit faillite; mais, comme il a, depuis, donné le 2 pour 0|0 à ses créanciers, il est cité comme le plus honnête homme du pays.

La curiosité me poussant, j'avais tous les jours de nouveaux amants et de nouveaux bijoux; je gardais les bijoux et congédiais les amants.

Un jour, un fat lion, grisonnant et édenté se fit mon protecteur, il était actionnaire d'un journal, dans lequel un critique joufflu faisait des feuilletons sur les théâtres. L'envie me prit d'être comédienne, et bientôt j'eus un succès de vogue sans me donner beaucoup de mal pour cela. J'étais jolie, et j'avais appris le cancan à la Chaumière. Au bal de l'Opéra, ma danse avait produit un effet *Deidicichicocandard* comme l'a dit *pittoresquement* M. Théophile Gauthier. Dans tous mes rôles je dansais et je disais sans rougir des mots fort peu gazés. J'étais l'actrice à la mode, et, comme vous le savez, il est de bon goût dans le monde d'avoir été avec moi du dernier bien.

Mon protecteur était jaloux, il en jaunit à l'excès, et se ruina fort honorablement pour moi. Il est vrai que depuis, un banquier a été assez sot pour lui donner en échange de son nom et de ses titres une fille, jeune, belle et innocente, et trois cent mille francs, avec lesquels il possède un rat de l'Académie-Royale. Je crois, Messieurs, que mon histoire est finie.

—Allons donc, nous écriâmes-nous, vous oubliez les derniers chapitres, l'amour du duc de Né*****du prince de Joi*****et....

— Messieurs, ne parlons pas politique..; d'ailleurs, sachez qu'une femme déchire toujours les dernières pages de ses mémoires. Plus tard, je vous dirai peut-être la suite de mon histoire, en attendant je plume quelques fils de familles, et je fais retentir les tribunaux de l'histoire de mes bijoux.

— Qui sont de vrais bijoux indiscrets, répliqua M. de P...

—Messieurs, il n'est permis d'être immoral que sur la scène.

— C'est juste.

G., vicomte de WAELL:

M. de V...., reprochait dernièrement à sa maîtresse ses nombreuses infidélités.— Bah ! dit-elle, en
parodiant le mot de Duthé : — Ça nous coûte si peu
et ça *nous* fait tant de plaisir.

(Historique).

———

Une actrice d'un petit théâtre des boulevarts se
trouvait un jour sans le sou; cela la chagrinait, surtout à cause de son ami intime. Elle se mit à la fe-
nêtre et aperçut bientôt un gros monsieur, qui était
à l'orchestre de son théâtre, son admirateur passionné. Elle descendit aussitôt, et joua si bien de la
prunelle, que le gros monsieur offrit à déjeuner.
L'actrice, refusant d'aller chez un restaurateur, le
gros monsieur offrit d'aller chercher les comestibles.
L'offre fut acceptée gracieusement, et, un quart
d'heure après, tout ce qui peut constituer un déjeuner modèle se trouvait sur la table de la gentille actrice: le Bordeaux et le Champagne n'avaient pas été
oubliés. Le gros monsieur était au comble de la joie,
lorsque tout-à-coup deux coups sont frappés à la
porte : l'actrice ouvre, et son *ami intime*, escorté de
deux autres amis se présente. Que signifie cela,
s'écrie-t-il, à l'aspect du déjeuner? — Oh! ce n'est

rien, Arthur, s'écrie l'actrice, que nous ne nommons pas; Monsieur est de mon pays, il m'apporte des nouvelles de ma famille, je l'avais invité à déjeuner, et nous l'attendions; mais monsieur a refusé, sous prétexte d'une affaire pressante. Monsieur, dit-elle, en offrant au financier son chapeau, je vous serai obligée de venir quelquefois me voir comme aujourd'hui.

Le gros Monsieur s'en fut, et depuis il a juré de ne jamais remettre les pieds au théâtre voisin du passage des Panoramas, de peur de voir celle qui sait souffrir et SE TAIRE.

———

Une des plus aimables figurantes de l'Opéra, mademoiselle T., qui a eu, dit-on, l'honneur de fixer un moment les regards d'un jeune prince, éclipsait depuis près de six mois, par son luxe inouï, ses rivales indignées, et ameutait contre elle de formidables jalousies; on citait sa double parure en diamants, ses quatre cachemires d'origine incontestée et son mobilier de vingt mille francs.

Son ami, son bienfaiteur était un étranger d'une origine un peu plus douteuse que celle des quatre cachemires; suivant les uns, c'était un apprenti diplomate au service du pacha d'Egypte; suivant une autre version, c'était un attaché, mais d'une manière indirecte, à une grande ambassade du Nord. Toutefois, on s'accordait à déclarer que c'était un lion d'une fort belle espèce; on vantait sa générosité, ses grandes manières.

Mais tout-à-coup on apprend que mademoiselle T. a échangé son fastueux appartement contre un logement modeste situé à un quatrième étage; elle ne va plus en voiture, pas même en omnibus; on lui a même vu un parapluie à la main!

Que s'est-il donc passé? Le bienfaiteur ordinaire a-t-il retiré ses bienfaits? Non... Un mouvement de généreuse indignation a provoqué le sacrifice d'une position opulente, de toutes les jouissances du luxe. La figurante a repoussé, a rejeté l'or dont la source lui paraissait impure; car elle a appris que son bienfaiteur appartient à la haute police d'une puissance étrangère, et que le lion s'était fait *mouton*. Avis à l'Académie-Française pour le prochain concours du prix de vertu.

———

Un ténor illustre venait de donner un bal; à ce bal beaucoup de personnes avaient été invitées; madame S. ne le fut pas. De là, terrible colère que personne ne put calmer, pas même M. P. qui passe

cependant pour exercer une grande influence sur
l'esprit de cette dame. « Ce petit ténor se croit une
puissance, s'écrie-t-elle, mais je le briserai comme
je brise ce magot. » M. P. recula de quelques pas; il
pâlit presque. Mais la dame se contenta de saisir un
magot de Chine véritable, qui valait mille écus, et le
fit voler en éclats aux pieds du monsieur terrifié. Depuis cette scène, les marchands de porcelaine re-
commandent aux dames les colères terribles qui
s'appellent maintenant colères chinoises ; elles sont
en ce moment fort à la mode. Aussi les magots sont
à la hausse. Le duc de C... en est seul glorieux, et fait
le renchéri.

La civilisation parisienne qu'on croyait parvenue à son apogée vient de se signaler par un nouveau
progrès; elle avait déjà ses escrocs en gants jaunes,
au langage et aux manières de bonne compagnie;
elle avait ses flibustiers de bourse, de salons, affu-
blés de titres nobiliaires, chamarrés de décorations
indigènes et exotiques; mais on ne connaissait pas
encore le voleur délicat, le voleur aux scrupules.

Il y a quelques temps, c'était vers la fin du dernier carnaval, une des plus jolies actrices des théâtres
de Paris, mademoiselle F. trouva, en rentrant du

bal, son secrétaire forcé et veuf de tout ce qu'il contenait : l'argent, les billets de banque, les bijoux avaient disparu. L'actrice était au désespoir; elle était même inconsolable, ce qui paraissait extraordinaire, car le lendemain même du vol, le riche banquier hollandais, qui la protège, avait réparé le dommage fait au secrétaire de la victime.

C'était donc une véritable énigme, que cette douleur persistante, que ce deuil incessant, que ces larmes intarissables ; le banquier y perdait son hollandais; il ne savait que dire, que penser, il était encore plus bête que de coutume. Les camarades de mademoiselle F. se tourmentaient, s'épuisaient en conjectures, en cherchant à expliquer des regrets qui menaçaient d'être éternels.

Un jour, la sérénité reparut tout-à-coup sur cette physionomie que le chagrin et le désespoir allaient peut-être sillonner de rides précoces; elle avait retrouvé sa gaîté, son bonheur; c'était, il est vrai, un bonheur tout-à-fait inespéré, car elle avait reçu par la poste les billets dont la perte lui causait de si mortelles angoisses. A ces billets qui n'étaient pas des billets de banque, mais de petites lettres d'un jeune vaudevilliste qui se console de la chute de ses trois vaudevilles, auprès de mademoiselle F., étaient joints quelques vers galamment tournés pour annoncer le envoi des lettres et les regrets d'une restitution trop tardive; mais le poète avait gardé l'anonyme. C'est aujourd'hui la seule chose qui afflige mademoiselle F. Aussi, dit-elle assez naïvement qu'il y a du bon chez messieurs les voleurs parisiens.

———

M. W... devint amoureux, ou plutôt faisait semblant de l'être, d'une de nos plus jolies actrices; comme il courait certains bruits sourds, peu avantageux pour lui, sur les non-valeurs des comptes qu'il pouvait rendre en amour, M. W.... crut qu'en établissant cette intrigue, il s'établirait une réputation de galanterie, avantage dont nos *loups-cerviers* sont aussi jaloux que nos petits maîtres. En conséquence du grand dessein qu'il avait formé, il ne cessait de presser la dame de répondre à ses tendres désirs. Il la suivait partout, lui parlait ouvertement de sa passion, en un mot, il ne lui donnait pas un moment de relâche. Excédée de ses importunités, l'actrice, qui était loin de l'aimer, demanda à ses amis des conseils pour savoir ce qu'il fallait faire pour se débarrasser de lui. — C'est de céder à ses sollicitations. — Vous vous moquez, c'est ce que je ne ferai jamais. — Il n'y a cependant pas d'autre moyen, essayez-en, et soyez sûre que votre vertu ne courra aucun risque.—Làdessus la dame résolut d'en faire l'essai. — Un jour que l'ennuyeux la pressait encore de se rendre à ses

désirs, — elle lui dit : — Il paraît que vous m'aimez
sérieusement; vos assiduités, votre constance, vos
actions me le prouvent, je ne vous résisterai pas davantage, passez dans mon boudoir. — Le quidam,
qui ne s'attendait nullement à cette invitation, resta
un moment interdit, puis, frappant rudement le par-
quet de sa canne, il s'écria : — Sacrebleu, Madame,
je saurai quel est celui qui m'a joué ce tour-là. A ces
mots, il sortit avec fureur et ne reparut plus.

———

UNE ORIGINALITÉ.

Madame X. est jeune et jolie; son mari est vieux
et laid, de plus il appartient à la police, ce qui n'est
pas fait pour plaire beaucoup.

Parmi les jeunes gens que M. X. reçoit chez lui,
Adolphe N... fut d'abord le chevalier servant de madame X...; il fut même, s'il faut en croire la chronique, l'heureux vainqueur de la jeune comédienne.
Comme d'habitude, M. X... ne s'aperçut de rien;
mais, hélas! madame X... est aussi légère que jolie,
et bientôt les assiduités d'Alfred lui firent oublier
Adolphe avec lequel elle rompit dès que la circonstance le lui permit.

Adolphe dissimula son dépit, mais il épia son

heureux rival, et trouva bientôt l'occasion de se venger de l'infidèle Clara.

On était alors en plein dans les complots, et M. X. avait été dans une petite ville des environs de Paris pour affaires concernant la rue de *Jérusalem*. La belle Clara, sachant que son mari devait être absent plusieurs jours, fut demander l'hospitalité à l'heureux Alfred. Adolphe en fut informé; aussitôt il écrivit à M. X... la lettre suivante :

« MONSIEUR,

« Si vous voulez arrêter l'anarchiste ***, rendez-vous à minuit chez M. Alfred S..., l'une de vos connaissances.

« Un de vos amis. »

Quand M. X... reçut cette lettre, il était à table :

Il n'en peut plus de joie,
Ouvre son large bec et dit : *Vive le roi !*

C'est sa manière d'exprimer son contentement. A minuit précis, l'heureux Alfred fut éveillé, que dis-je éveillé, il avait bien autre chose à faire que de dormir. Il fut troublé par ces mots lugubres :

— Ouvrez, au nom de la loi !

Alfred fit assez longtemps la sourde oreille, mais enfin il se résigna, passa un caleçon et dit sans ouvrir :

— Je pense que vous faites erreur, je suis M. Alfred S... et je ne crois pas qu'il y ait quelque chose de commun entre la police et moi.

— C'est ce qui vous trompe, interrompit M. X...

En entendant cette voix bien connue, Alfred et Clara auraient voulu être au fond des enfers.

— Que venez-vous faire chez moi? dit Alfred en tremblant.

— Arrêter un conspirateur. Je vous somme d'ouvrir, pour la dernière fois, ou je me vois obligé d'enfoncer votre porte.

— Alfred ouvrit alors; M. X..., suivi de ses acolytes, fit invasion dans les appartements du jeune artiste et chercha vainement.

— Je suis fâché de vous avoir dérangé, mon jeune ami; mais que voulez-vous, un *magistrat* ne connaît que son devoir. Il ne me reste plus qu'à voir dans votre lit.

A ces mots, Alfred devint affreusement pâle; puis, une idée lui vint, et il dit à M. X... :

— Je vous avouerai, Monsieur, que je n'étais pas seul... mais vous cherchez un conspirateur et je puis vous prouver que mon nocturne compagnon appartient à un autre sexe.

— Je ne demande pas mieux que de m'en as-
surer.

— Comme c'est une dame de haut parage, je ne
puis vous montrer son visage, mais suivez-moi et
vous ne douterez pas de mes paroles.

A ces mots, Alfred, s'approchant du lit, couvrit
avec les draps la tête de sa compagne, et découvrit
tellement la partie la plus basse du corps, que M. X.
n'eut plus aucun doute sur le sexe de la jolie dor-
meuse.

— Je suis fâché de vous avoir dérangé, mon cher
Alfred, mais j'ai dû faire mon devoir. Adieu, *mauvais
sujet*, j'instruirai ma femme de vos cascades. A ces
mots, M. X... opéra gravement sa retraite.

Deux immenses éclats de rire accueillirent son
départ.

La vengeance d'Adolphe fut vaine, et l'heureux
M. X... désire se faire l'éditeur d'un livre *illustré*
ayant pour titre :

LES FEMMES FIDÈLES DE PARIS.

Madame Clara X..... aura sa biographie dans la
première livraison.

Chut, chut, parlons tout bas,
De son erreur ne le détrompons pas.

Au dernier bal de l'Opéra, mademoiselle***, une des plus jolies actrices des boulevarts, accepta la voiture de M. de C..., très connu par ses aventures galantes. La demoiselle demeurait loin, et le jeune lion avait ordonné tout bas à son cocher de faire d e nombreux détours.

M. de C... était pressant, mademoiselle*** est très tendre, ce qui fait que, lorsque l'on fut arrivé à la porte de l'actrice, M. de C... n'avait plus rien à désirer.

— Me permettrez-vous de monter un instant dans votre appartement... dit le lovelace.

— Monsieur, je ne reçois personne.

— Je comprends bien, mais moi.

— J'espère, Monsieur, que vous n'abuserez pas des *espérances que je vous ai données.*

M. de C... ne sut que répondre, et depuis ce jour les amants heureux se disent entre eux : *Espères-tu?*

Le mot a fait fortune.

L'ENTHOUSIASME INDISCRET.

M. N*** avait longtemps fait la cour à Lucy****, un des plus jolis petits *rats* de l'Académie-Royale de Musique. Après plusieurs soupers, M. N*** se trouvait toujours en expectative ; il avait même remarqué que la gentille Lucy avait un amant inconnu. M. N*** surveilla tous les *lions* de l'Opéra, et ne découvrit pas son heureux rival parmi eux.

Qu'était-il donc ?

Banquier,

Marchand de contre-marques,

Notaire,

Voleur,

Ecrivain-forban.

Usurier à la petite semaine.

Agent de police,

Chevalier d'industrie,

Baron de l'empire,

Ou préfet du juste-milieu ?

Rien de tout cela.

Mieux que tout cela !

C'était un prince !!! que l'on nomme M. le duc....

Ce n'était cependant pas :

Le prince de Monaco.

Ce n'était même pas un Cobourg, quoiqu'il fût blond.

M. N*** surveilla son rival, et imagina une singulière vengeance. Il avait remarqué que tous les soirs une voiture sans armoirie s'arrêtait devant une maison de la rue *Neuve-Coquenard*, et qu'un jeune homme blond en descendait et se dirigeait, à quelques pas de là, chez Mlle Lucy. L'autre soir, il recruta tous ses amis qui, au nombre de cinquante à peu près, attendirent l'arrivée de la mystérieuse voiture. Quand le jeune homme blond fut descendu, ces messieurs se pressèrent sur son passage et firent retentir la rue *Neuve-Coquenard* des cris mille fois répétés de :

VIVE LE DUC DE NEMOURS!!!

En vain le jeune homme blond les remercia-t-il avec effusion, les cris continuèrent. Le jeune inconnu remonta dans sa voiture, et depuis lors il n'est plus revenu.

Ah ! si *Victoire* le savait!

CÉLIMÈNE II.

Parlons maintenant de l'aimable Célimène II qui a succédé à l'autre comme avril succède à Mars. Sans autre cause que l'impossibilité de trouver une vraie Célimène. — Aimable par anti-phrase. — On appelle *aimable*, digne d'être aimé. Célimène est tout ce qu'il y a de moins aimable. La vraie Célimène, celle de Molière, aimait être aimée; celle-ci aime beaucoup d'autres choses. Une femme aimable est une femme qui sait dissimuler, au profit d'un amour honnête et passionné, les vilains côtés de la femme; nous voulons dire les bas sales, les émanations de la robe de nuit et tout ce qui fait la vie secrète de tout être femelle comme mâle qui marche ou rampe sur la terre. La femme aimable est la femme qui sait poser, jaser, causer, s'idéaliser et se mélodramatiser; or, Célimène est surtout, et avant tout, la femme de la prose. On peut aisément se figurer un dialogue fort plaisant entre un écolier qui dépenserait l'argent de ses menus plaisirs les jours de sortie, pour s'exalter l'esprit devant les sourires et les grâces empruntés de cette dame, et un monsieur plus vieux et plus avancé dans la vie, qui l'aurait connue très intimement.

Le collégien : — Oh! l'adorable personne! comme un homme vraiment amoureux se donnerait volontiers pour une aussi aimable personne!

Le monsieur : — Pauvre enfant, gardez vous d'approcher de ces déesses ; celles qui se lavent les mains et les bras ont le cœur obscène et l'esprit malfaisant.

Le collégien : —Cela est-il possible ; la beauté doit receler la bonté, la nature ne peut mentir.

Le monsieur : La nature de Célimène ment.

Le collégien : — Les beaux sourires ! quelle angélique coquetterie !

Le monsieur : — Il est heureux que vous vous contentiez de rêver de cette belle, car si vous approchiez votre rêve de la distance qui sépare un drap de lit d'un autre, vous le trouveriez peut-être trop gras et trop bien nourri pour ces rêves, parlant trop bien chiffre, recette, voire cuisine, pour un fantôme, et vous seriez sans doute obligé d'avouer que votre illusion sent un peu trop la viande.

Le collégien : — Quoi ! monsieur, cette déité, à laquelle je dois tant de barbarismes, de solécismes et de pensums ; cette poésie vivante et animée n'est aimable que derrière la rampe, et les calculs sordides de la vie souillent la pensée de cette rose créature.

Le monsieur : — Hélas ! oui ! jeune homme, n'approchez pas votre rêve si vous n'êtes pas son intendant, ou au moins marmiton en chef de Sa Majesté ; ne frappez à la porte secrète de sa ruelle si vous n'avez pas les poches pleines de *boudjous* et de listes civiles, vous risqueriez fort de trouver votre rêve attablé devant quelque souper de charcutier, ba-

vant de jus de viande sur vos madrigaux, et la lèvre
ornée d'une côtelette en guise de moustaches, quand
Célimène se lève et déserte le lit souple et profond
où elle a dormi d'un sommeil brutal ; elle a mangé
pour se reposer d'avoir dormi , quand elle a
donné à son rôle le temps nécessaire pour faire
quelques vers faux et être à peu près médiocres ;
elle mange pour se reposer de n'avoir pas étudié ;
pour se reposer d'avoir été en voiture à la Comédie
et d'avoir minaudé devant l'auteur enfiévré par l'in-
quiétude du succès, elle mange. Elle mange dans
les entr'actes, elle mange dans sa loge, elle mange
dans la coulisse ; elle aime les rôles où l'on mange
sur le théâtre ; si vous demandez à Célimène qui elle
aime le mieux de Napoléon III ou de Monte civet,
elle vous répondra volontiers, comme le moutard de
notre spirituel Daumier : « J'aime mieux la viande.»
Maintenant, jeune collégien, faites des sonnets et
des rondeaux redoublés, mais si vous réussissez à
conquérir votre illusion, craignez pour votre première nuit de noces les indigestions et les coliques.

Célimène II n'est pas une comédienne.

Qu'est-ce qu'une comédienne ? ce qu'est un écrivain : quelque chose de remuant, d'ambulant, de vif,
d'aimable, de spirituel, fait pour amuser ce gros
monstre ennuyé qu'on nomme public ; quelqu'un
qui vit de son métier, mais qui surtout l'aime et le
pratique avec ardeur. Qu'est-ce qu'une comédienne ?

c'est Clairon, c'est Duchesnois, c'est la vieille Célimène, à qui celle-ci a succédé, c'est Maxime même; la jeune Célimène n'est pas une comédienne, c'est une rentière, une portière, une bordeuse, une caisse d'épargne, une loterie où tous les lots sont pour la loterie; c'est une vaste poularde qui en plume d'autres.

Qu'est-ce que Molière? Bon Dieu! qu'est-ce que Marivaux? qu'est-ce que la poésie? Il s'agit de bien vivre et d'envoyer paître Molière et Marivaux. La loi proscrit le vol, mais non pas le vice. Le vice qui fait des économies. Horrible chose, lecteur, et bien faite pour dégoûter les honnêtes gens, même les honnêtes gens faciles.

Cette malheureuse n'a pas de talent; vous figurez-vous un diamant royal, le régent, par exemple, enchassé dans du maillechor ou dans des drôleries de confiseur? Vous avez l'emblême de la poésie sortant par la bouche de Célimène II. Elle minaude, elle glapit, elle ne sourit pas, elle ne déclame pas; au moins est-elle belle? Ma foi, il se peut qu'elle l'ait été; mais le marivaudage de ces coins de terres, mais cette voile étouffée par la marchan de de corsets, mais ce corps coupé en dents, mais ce front étroit, mais ces yeux à fleur de tête, mais ces grands bras battants, mais cette voix *tremblée* et cet absurde roucoulement n'ont jamais été le physique d'une noble comédienne.

La mauvaise camarade qu'elle est, elle a voulu

3*

voler le cœur de Napoléon III à la virginale Hère-Mignonne.

Cette malheureuse, sur les planches de l'antique Comédie, nous a toujours fait l'effet d'une portière de la *chaussée d'Antin*, enveloppée d'un cachemire d'emprunt qui s'essaierait à marcher, avec ses pieds gras et pendants de fille trop entretenue, sur les tapis des salons, et grimacer le bon ton devant la psyché, en l'absence de la maîtresse de la maison.

Il court sur son compte une aventure scandaleuse, dont notre plume trop chaste ne sait comment rendre compte. Il faudrait être prude comme Mlle de Maupin, ou n'importe qu'elle héroïne de Crébillon le fils, pour oser un pareil récit.

Bref, on dit qu'un lord fort riche, voulant conquérir les bonnes grâces de Célimène, après avoir longtemps cherché dans son cerveau britannique, parmi les objets les plus précieux, ce qu'on pourrait offrir à une aussi précieuse personne, imagina une originalité, fantaisie vraiment britannique, qui fut, dit-on, fort bien accueillie. Quelle était donc la chose en question, le trésor mirobolant, le don merveilleux? Je vous le donnerais à deviner en mille, que vous ne le pourriez pas. C'était un chien, un petit chien, tout petit, tout mignon, un *boll dog*, un chien bichonné, musqué, peigné, frisé, qu'on met entre ses genoux, et qu'une lady millionnaire caresse d'une main délicate dans ses heures de loisir, un Kings-Charles de la plus pure espèce.

Ce précieux animal a coûté, dit la très scandaleuse chronique, dix mille francs. Pourquoi a-t-il coûté dix mille francs? Je me le suis longtemps demandé comme vous; on me l'a dit, mais je n'oserai jamais vous le redire. Il paraît, au surplus, que cette bête de bonne compagnie avait été élevée avec un très grand soin.

Voici une anecdote très véridique, qui vous représentera mieux que toute autre le naturel de Célimène.

Quand ce malheureux petit livre, trop bénin et trop galant fut annoncé, notre morveuse, qui sentait le besoin d'être mouchée par quelqu'un, fut prise d'une grande frayeur. Elle alla se jeter aux pieds d'un aimable et spirituel écrivain qui avait fait un rôle pour elle dans une fort belle pièce, et lui dit : Je suis une fille bien malheureuse, bien innocente, bien persécutée; jamais je ne pourrai supporter un pareil affront, si je ne me jette dans vos bras; j'attends tout de votre influence et de votre amitié. Empêchez que la chose ne paraisse nettement, je serai tellement déchirée et rebutée que je ne saurai jamais jouer votre rôle.

Et voici le malheureux auteur livré au despotisme de Célimène, qui court implorer, tourmenter, supplier, menacer l'éditeur. Il va sans dire que l'auteur n'obtint rien du tout, mais le livre pour être différé n'a pas été perdu. La seconde partie de ce recueil contiendra quelques piquantes indiscrétions sur

Célimène II, nous n'oublierons pas surtout de faire connaître l'origine des robes consternées que porte notre héroïne qui, artiste du premier théâtre de France, ose cependant acheter la défroque des Lorettes chez une fripière, *rue du Pain du Temple, n. 7.* On nous assure que la marchande veut mettre sur son enseigne : *Fournisseuse brevetée de Mlle....* Célimène II.

HISTOIRE D'HÈRE-MIGNONNE.

Aimez-vous comme moi les estaminets où l'on chante, où l'on pince, où l'on racle des instruments enroués qui n'en peuvent mais ? Les tavernes obscures de fumée, où les buveurs chuchotent des paroles obscènes à l'oreille, déjà savante, des chanteuses de douze ans. Triste et philosophique spectacle! Ces pauvres petites, déjà plus ou moins *grincheuses*, revendeuses de foulards, de crayons et de parfums d'Arabie, qui piaulaient alors: *A ce soir, à ce soir, dans ma chambrette en cachette*; aujourd'hui: *Gastil-Betza, l'Homme à la carabine,* inspirent, à l'observateur clairvoyant une sombre et poignante pitié. Quoi de plus triste que la vue de ces créatures étiolées par la misère, déflorées avant d'être fleuries, émoussées avant d'être aiguisées, et que le vice a pour toujours dégarnies de passions.

Dans l'une de ces tabagies, vous avez sans doute connu la petite Hère-Mignonne Mardochée, au front proéminant, aux yeux déjà creusés et cernés par la sombre tragédie qui se joue, tous les soirs, autour du pot-au-feu d'un père avare. Tous les jours, elle descendait au plus vite de l'*hôtel des Trois-Balances*, vis-à-vis de la Morgue, sa guitare sous le bras, sa sébile de fer-blanc dans sa poche. Il n'est pas de pavé qui n'ait connu la plante de ses pieds, pas de vitres d'estaminet que sa voix n'ait fait grincer. Son aînée fredonnait des flonflons à un petit théâtre de faubourg et, quand elle venait guetter un souper au logis paternel, le père Mardochée lui répondait en blasphémant :

« Comment une grande fille comme toi ne sait-elle pas encore gagner sa vie toute seule ? Te faudra-t-il toujours gruger ta malheureuse famille et tes petites sœurs ? »

Chaque soir, la mère Mardochée se précipitait sur les poches de la petite Hère-Mignonne, et le premier du mois, le père Mardochée allongeait sa griffe sur les quelques francs que la caisse du théâtre devait à sa fille.

La petite ne portait pas de bas, attendu qu'on peut y cacher quelques sous. L'aînée, l'hiver ne portait pas de caleçon, vu que cela prolonge la virginité, au dire de M. Paul de Kock. On voit que ces bons parents étaient gens de précaution.

Les étudiants, qui forment le public ordinaire du petit théâtre où l'aînée essayait l'éclat de cette voix qu'elle ne soupçonnait pas encore, et qui depuis doit faire sa fortune future au grand opéra, étaient alors les protecteurs naturels de ces deux jeunes filles. Les hôtels meublés du quartier Saint-Jacques ont souvent reçu la visite des deux sœurs; elles y venaient, montaient les escaliers, souvent sans y connaître personne. Et là, en frappant à plusieurs portes, elles étaient certaines d'y trouver le lit et le souper qu'on leur refusait à la maison paternelle. Cette existence était dure sans doute; mais elle avait ses moments de plaisir.

Quelquefois, il se rencontrait un joyeux garçon, à l'escarcelle fraîchement remplie par quelques-unes de ces flibusteries si drôles, que messieurs les étudiants savent si bien inventer pour desserrer les cordons de la bourse paternelle. Alors, c'était chaque jour fête nouvelle, et les maigres caresses des deux pauvres abandonnées étaient largement rétribuées de pommes de terre frites et de vin bleu. Il y a même une chronique du quartier qui raconte que la jeune Hère-Mignonne a usé, en guise de vaisselle plate, tout un de ces énormes volumes que publia la chambre des pairs, lors du procès Fieschi. La friturière, à qui elle achetait son frugal déjeuner, est encore là pour certifier le fait.

D'autres fois, c'était un naïf jeune homme tout fraichement débarqué de sa province; celui-là, connaissant moins la vie, ayant les émotions plus tendres, on savait le plumer de façon à le guérir à tout jamais de ses fantaisies de fille de théâtre, et de cigale. On a vu le père et la mère Mardochée venir s'adjoindre à leurs filles, et les aider à plumer vigoureusement le malheureux pigeonneau que ses tendres roucoulements leur livrait.

Un jour, qu'un de ces messieurs, étudiant de première année, recevait chez lui les tendres sœurs, des circonstances le forcèrent à s'éloigner. Quand il revint, les deux tourterelles étaient dénichées; mais elles avaient eu soin de prouver leur séjour dans la chambre, en emportant une petite somme de quinze francs et un parapluie. Mais le monde est si méchant. D'ailleurs, dans les hôtels du quartier latin, il vient tant de gens; et le père Mardochée, il est vrai, fut rencontré, quelques jours après, avec un riflard, meuble qui lui avait été jusqu'alors complètement inconnu. On nous assure qu'il allait le rendre,.. mais il manqua de mémoire.

Sur ces entrefaites, Hère-Mignonne fit son entrée dans l'art dramatique. Elle débuta sans succès sur une scène secondaire. Déjà elle avait essayé ses forces sur toutes ces planches disjointes, devant toutes ces rampes fumeuses, sur tous les tréteaux boiteux qu'on nomme théâtres d'amateurs et de la grande banlieue. Elle y avait joué, tour-à-tour, *Hermione* et *Dorine*,

Aménaïde ; toutes les ingénues et les jeunes premières des comédies bourgeoises de M. Scribe.

N'ayant eu aucun succès sur la scène secondaire où son père l'avait forcée à monter, elle ne put s'y faire engager, et fut obligée de recommencer sa vie errante, de village en village. Mais bientôt, n'ayant pu captiver le public des boulevarts, elle osa aspirer à la première scène du monde. En cela elle imita beaucoup d'auteurs modernes, qui, sifflés sur les petits théâtres, tendent toujours vers la Comédie-Française, espérant que les gens qui les ont jugés n'ont pas eu assez d'intelligence pour les pouvoir comprendre. Les gens incompris sont la maladie du siècle.

Elle débuta par le rôle d'Hermione ; personne n'y fit attention. Un de ces hommes d'infiniment d'esprit, qui dépensent en une soirée plus d'idées qu'il n'en faut pour faire la réputation de dix écrivains, contraignit le feuilletonniste d'un grand journal à l'inventer. Elle fut prônée, flattée et casée par le spirituel écrivain, qui vit dans elle la descendante en ligne directe de toutes les grandes comédiennes.

Tout le monde se souvient de la rapacité du père et des prétentions exhorbitantes qu'il afficha, aussitôt que cette chère enfant se fut créée une position au théâtre. Les comédiens en furent effrayés, et la presse entière s'indigna de la rapacité toute judaïque de l'auteur des jours de la jeune Hère-Mignonne.

Mais raconter comment elle abandonna bientôt ses

premiers et seuls protecteurs, l'homme d'esprit et le feuilletonniste, n'est pas de la galanterie et n'entre pas dans notre cadre. Les grands talents sont les compagnons ordinairement des cœurs droits et reconnaissants; mais, en ceci comme en tout, ce sont les exceptions qui font les règles.

Pendant une année entière, un ancien dictateur, du nom de Verrès, ne manqua jamais une des représentations d'Hère-Mignonne, il était toujours auprès d'elle, quand elle sortait de la scène, il était toujours le premier à lui adresser les compliments, et ses compliments étaient toujours les plus flatteurs. Quand une pluie de fleurs venait tomber aux pieds de l'idole, son bouquet était toujours le plus beau, le mieux choisi. Il savait deviner ses moindres désirs. C'est même lui, qui dans un accès de générosité, inventa la fameuse voix de la sœur aînée, dont la famille était fort embarrassée, ne pouvant plus décemment faire monter sur des tréteaux la sœur de Melpomène.

Il fit naître dans tous les cœurs, l'espérance de voir bientôt cette fille qui avait parfumé les nuits de tant de jeunes espoirs de la France, éclipser par sa réputation la gloire des Falcon et des Dorus. Il procura des maîtres de chant et de musique, augmenta sa maison de dépenses de la fournée tragique, eut, chaque jour, à sa table la vorace nichée de petits frères et de petites sœurs, qui venaient là oublier les arrières goûts de la gargotte paternelle, en absorbant les excellents dîners de la cuisine du nouveau Mecéne.

On dit qu'il n'est pas plus sûr moyen de captiver les gens que de les prendre par l'estomac; et le dictateur, est homme d'esprit. Puis ceux à qui il avait affaire, n'étaient pas des plus difficiles. Ils n'avaient jamais été gâtés ni par la succulence, ni par l'abon_ dance des mets; ils étaient gloutons, mais peu gourmands. Heureusement, malgré tout cela, on voulut faire la coquette avec lui, on croyait avoir encore affaire à un des jeunes étudiants; mais ledit Verrès n'était rien moins que naïf et timide; il voulait bien payer, mais il voulait aussi savoir ce que valait la chose qu'il payait.

Il faut que le lecteur sache, qu'avec les succès avaient disparu tous les souvenirs de la jeunesse errante. Il y eut, à l'époque où le dictateur postulait la place d'amant de la muse, des paris engagés sur la probabilité de sa virginité; car, chose incroyable, la virginité était revenue. Le succès fait d'incroyables miracles. On avait oublié cette biographie écrite dans le souvenir de tant de comédiens ambulants, d'étudiants, et pis encore.

Tout-à-coup la jeune Hère-Mignonne étant partie pour un voyage, le dictateur, resté à Paris, fit jouer la presse et crier ses mille voix : on inventa dans ce temps-là tous les puffs les plus mirobolants, les plus incroyables, les plus énormes que les imaginations les plus riches en genre de choses puissent forger.

On se souvient encore dans le journalisme, de la fameuse lettre du vicomte d'A..., de ridicule mémoire et surtout des charmants articles de M. Jules Janin, à propos de ladite lettre. Qui ne sait aujourd'hui que l'histoire du fameux bracelet de la reine d'Angleterre, avec la non moins fameuse devise qui mettait sur les mêmes tréteaux la reine tragique et la reine constitutionnelle, étaient pures inventions; et l'opinion a été unanime sur l'inconvenance de pareilles balivernes. La tragédienne a été reçue fort bien en pays étranger, mais il n'y a eu aucunes de ces fêtes, aucuns de ces triomphes qu'on raconta si pompeusement alors. C'était le dictateur qui présidait à la confection de ces réclames, qu'il n'avait d'ailleurs pas la gloire d'avoir trouvées, car les journaux américains avaient déjà tout dit, à propos du voyage d'une célèbre danseuse dans leur pays.

Tant qu'un amant est près de sa belle, il ne pense point, mais aussitôt qu'il s'en éloigne; la réflexion vient lui montrer les fautes qu'il a commises, et surtout le ridicule de sa conduite; c'est ce qui arriva: Verrès vit qu'on s'était joué de lui comme d'un écolier. Ses amis se moquèrent à qui mieux mieux du soupirant platonique. Ceux qui avaient jalousé son bonheur, saisirent avec empressement l'occasion qui se présentait si belle pour eux; les rieurs étaient contre Verrès. Pour tout homme d'esprit, c'est là une faute qu'il ne se pardonne pas. Aussi Verrès voulut-il les ressaisir, au moment où il devait les perdre à tout jamais.

Il partit, et la... personne ne doit plus se douter de ce qui s'est passé.... Sans un fameux souper qui fut offert à tous ses amis et aux rois de la presse par le dictateur. Là, au milieu de gais propos, des lettres furent lues ; il est impossible à la presse la plus décolletée de jamais imprimer ces tendres épîtres amoureuses.

C'est à ce fameux souper que tous ceux qui s'étaient escrimés à soutenir la virginité surent qu'ils avaient perdu les paris qu'ils avaient engagés. Après une pareille *indiscrétion*, on comprend qu'aucune liaison n'était plus possible ; aussi ces amours furent-ils rompus.

Il n'est, dit un vieux proverbe, que le premier pas qui coûte, et par malheur encore, il se fait sans qu'on y pense. Aussi serait-il trop long de nombrer tous les successeurs de Verrès, qui est le Pharamond de cette nouvelle dynastie ; mais avant Pharamond, combien y a-t-il de rois Francs dont l'histoire n'a pas conservé les noms ?

Nous ne citerons que pour mémoire le règne d'un certain prince maritime, dont la vigueur, au dire de la donzelle, fait l'admiration de tous les connaisseurs ; mais un mariage exotique vint mettre fin à ces amours. Je crois qu'il sera longtemps regretté ; il a dû laisser des souvenirs, car je ne sache pas qu'il soit

facile de trouver beaucoup d'hommes qui l'égalent,
ou même qui en approchent.

Après un dictateur et un prince, elle ne pouvait
décemment s'abaisser jusqu'à un simple mortel,
aussi, que fit-elle? La place étant vacante, elle choisit, pour y reposer auprès d'elle, un empereur! Un
homme avait bouleversé le monde, il avait laissé
dans tous les chemins l'empreinte de ses pas; il avait
joué tous les rôles de conquérants, et avait dépassé
de beaucoup ses modèles. Elle le rêva, et ne pouvant
espérer rencontrer le grand empereur, vu que personne ne doute plus de sa mort depuis le retour de
ses cendres en France, elle se rejeta sur le jeune
empereur, et maintenant la voilà entre les bras de
Napoléon III.

Napoléon III!!! Qu'est-ce, me direz-vous? c'est celui qui, depuis dix ans..... Mais demandez à Marton,
vous savez? celle qui jadis fut l'ennemie jurée
d'Hère-Mignonne; mais, depuis qu'elle a subjugué
maître Napoléon III, elle est devenue l'amie intime
de son heureuse rivale... Comment? Pouquoi?

Je n'en sais rien.

Mais Marton a été nommée, ou s'est faite maîtresse de cérémonies d'Hère-Mignonne; c'est elle
qui reçoit et admet les jeunes gens bien naïfs qui
aspirent aux entrées du salon de la jeune Romaine;
c'est elle qui examine les cravates, qui regarde si

elles sont assez bien mises, si les chaussures sont assez vernies pour y avoir leurs entrées.

Car Hère-Mignonne, de même que Mmes de Rohan, Guéménée de l'ancien régime, ou Belgiozioso, Massa, de ce siècle, a ses jours réservés. Là, se réunissent d'abord tous les journalistes, ses flatteurs; puis les jeunes lions employés aux diverses administrations, ses admirateurs. Une tenue décente est de rigueur. On n'y est admis qu'en grand habit noir. L'étiquette y est plus sévère qu'au faubourg Saint-Germain. Le talent et la naissance n'y sont point représentés, mais l'argent, le dieu du siècle, y a ses entrées. Une impératrice ne pouvait faire moins; entre sommités sociales on se doit des égards.

Marton n'a pas plus de fiel qu'un moineau, suivant le dicton populaire. Elle s'est astreinte à faire le *ménage* de son heureuse rivale. Est-ce par hasard dans l'espoir de voir toujours le cruel qui l'a si perfidement abandonnée. Les femmes ont des caprices si bizarres. Et puis...

C'est Napoléon III qui s'est laissé jouer d'une façon si cocasse, il y a peu de temps. C'est lui qui est le héros de la désopilante histoire de la guitare. C'est lui qui aide son ex-protégée Marton, lorsque Hère-Mignonne daigne ouvrir ses salons à sa bureaucratique compagnie.

Marton, cette éternelle ingénue que vous connaissez, qui joue les rôles d'Agnès depuis près de trente ans, a trouvé près d'Eryphile un rôle lui convenant à merveille ; celui de maman. Elle guide la jeune fille de ses conseils ; et, avec cet air de grisette timide, craignant la colère de l'amant à qui elle a fait des traits, elle reçoit la brillante société qui encombre les salons de sa jeune amie.

Mais l'histoire de la guitare ? Ah ! la voilà. Nous laissons à M. Almyre Gondonnière le soin de la RACONTER.

HISTOIRE D'UNE GUITARE,

CHRONIQUE DE 1845.

En ce temps-là il y avait une jeune tragédienne, pleine de talent mais vide de cœur, et un certain comte, plein de cœur mais vide de talent ; il y avait aussi, dans ce temps-là, une guitare à moitié brisée, suspendue à un clou d'antichambre du faubourg Saint-Honoré.

Pauvre guitare ! elle avait soulevé peut-être bien des orages d'amour ; elle avait peut-être chanté la gloire aux banquets de Périclès, et le plaisir à ceux

d'Anacréon. Les vins de Chio et de Falerne avaient
ruisselé sous ses suaves harmonies, et les muses d'Ho-
race ou de Tibulle l'avaient agitée de leurs doigts en-
chantés. Pauvre guitare ! Qui sait, en effet, si Délie ou
Sapho ne s'étaient pas penchées sur elle, et si, avec ses
chanterelles amoureuses, Aspasie n'avait pas attendri le cœur d'Alcibiade. N'était-ce pas la lyre d'Or-
phée qui endormit le chien à triple gueule, ou celle
d'Amphion qui bâtit les murailles de Thèbes, ou la
harpe de David, ou celle d'Ossian, ou le théorbe dont
se servaient les comédiens antiques pour accompagner
les trilogies d'Eschyle, ou le merveilleux cynare avec
lequel les rhapsodes de la Grèce disaient les chants
du vieil Homère, ou encore le mystérieux Nébel qui
rassemblait les péris de l'Asie ?

Pauvre guitare ! elle était plus moderne sans doute.
Les Burgraves dégénérés ne l'avaient-ils pas souillée
en chantant : *Aimons, qu'importe ; qu'importe, aimons* ?
Qui sait, mon Dieu ! les Abencerrages et les Hidal-
gos d'Espagne l'avaient peut-être traînée de balcon
en balcon pour appeler la senora, ou ce pouvait être
encore la mandoline de Mazaniello. Que sais-je, moi ?
cette malheureuse guitare ne portait ni date, ni nom
d'inventeur, et paraissait bien vieille.

Ce que je sais, c'est que ce vénérable instrument
rendait encore parfois des sons vagues, étranges,
comme ceux d'une harpe éolienne, quand le vent
d'automne venait la balancer par les croisées ou-

vertes. Mais, si je ne puis vous dire le commencement de son histoire, je vous dirai la fin, car elle vient d'être jetée au feu par un vandale. Voici comme :

Dans un salon du faubourg Saint-Honoré, le jour tragédique que vous connaissez tous, Mlle *** venait de déclamer le songe d'Athalie et avait avisé par la porte entr'ouverte cette guitare fabuleuse.

Après les mille bravos et compliments d'usage, bravos et compliments beaucoup trop ampoulés, la vierge d'Israël aborde la maîtresse de la maison et lui marchande aussitôt le vieil instrument.

— Mais il est à vous, belle Hermione, je vous le fais porter demain. — Non, je l'achète et l'emporte ce soir. — Mais ç'est un objet indigne de vous; je vous offre la mienne. — Non, c'est celle-ci que je demande; combien? — Assurément Phèdre fait ici de la comédie. — Non, ce marché est très sérieux. — Eh bien! prenez la guitare et donnez, si vous le voulez, 20 francs à ma femme de chambre. Le marché conclu, Phèdre monta en voiture et rentra chez elle.

A son arrivée dans sa chambre à coucher, mystérieux sanctuaire de Melpomène et de Cupido, la jeune mélomane suspendit le luth antique auprès de sa couche, cette nuit-là solitaire.

Le lendemain, au lever de la blanche aurore, un brillant cavalier, auteur d'une très mauvaise comédie, M. Napoléon III, se glissa furtivement dans le boudoir de la maigre déesse, qu'il trouva dormant la bouche ouverte. Un baiser la réveilla. Pauvre déesse!

— Ah! c'est toi, cher? Tiens, je rêvais de notre amour, viens donc. — Où donc as-tu pris cette guitare, ma chérie? je me suis heurté le front contre elle; maudite guitare!

— Oses-tu blasphêmer? ceci est l'instrument de ma fortune; sans cette pauvre guitare, je n'aurais jamais eu la joie de te connaître.

— Que dis-tu, adorée, cette patraque serait à toi?

— Eh oui! ce sabot m'appartient, c'est avec lui que j'ai marché à la gloire; c'est avec lui que tout enfant je parcourais les cafés et les guinguettes de Lyon. Que de fois, mon bon ange, cette guitare plaintive n'a-t-elle pas attendri le cœur du troupier français, et combien de modestes aumônes n'a-t-elle pas fait jeter dans ma pauvre sébile. Tiens, cher, je pleure en y pensant; bonne guitare! Oh! j'étais bien chétive encore lorsqu'elle a vibré sous ma main pour la première fois! et puis, n'est-ce pas avec elle que, de ville en ville, mendiante, éplorée, je suis venue à ce Paris où je t'ai possédé, cher, bien cher! Oh! tiens, donne-moi ma guitare, que j'essaie encore de ces airs que j'aimais tant! La jeune tragédienne, enivrée de ses souvenirs, se leva sur son séant, préluda à une fantaisie charmante qui fit bondir d'admiration et d'amour l'heureux Napoléon III.

— Oh! que tu es belle! oh! que tu es inspirée! oh! que je voudrais posséder cette précieuse guitare!

— C'est elle encore, reprit l'artiste, qui fut le gagne-pain de toute ma famille, à qui je rapportais le produit de ma journée, quand j'avais chanté sur les places et sur les boulevards.

Ici la tragédienne pleura d'attendrissement, et le comte huma avec délices une de ses larmes d'or.

— Oh! amie, cette guitare, donne-la moi; au nom de notre éternel amour, donne-la moi.

— Jamais! je ne puis m'en séparer; ce serait oublier mon passé; non, ami, n'insiste pas.

— Je t'en supplie à genoux.

— Non, non, cela me ferait trop de peine.

— Oh! vois-tu bien, chère, je la ferais enchâsser dans l'or et dans la soie. Ce serait pour moi un talisman qui porterait la joie dans ma maison; de grâce, ma divine, accorde-moi cette suprême, cette inappréciable faveur.

— Comme tu deviens pressant.

— Que veux-tu en retour? de l'or à flot, une parure de reine? dis.

— Tu me connais peu, ami.

—Que veux-tu donc en retour ? dis, oh ! dis vite !

— Hier, le duc de C. m'offrait cette gracieuse parure de chez Renaudin pour avoir cette guitare, mais...

— La veux-tu? je te l'apporte ce soir.

— 50,000 francs, y penses-tu?

— Qu'importe?

— Pour une malheureuse guitare?

— Qu'importe. Est-ce dit?

— Ah! je suis confuse !

— C'est dit.

— Il faut tout te céder, méchant; embrasse-moi.

Il y avait une difficulté, c'est que le comte Napoléon III, tout élégant qu'il fût, n'avait pas dans sa poche un seul maravédis. Cependant, en homme habile et brisé à de pareilles vétilles, il trouva un naïf usurier qui, sur certaines garanties, lui avança les 50,000 francs.

Le soir Hermione eut sa parure, et l'heureux Napoléon III sa mauvaise guitare, qu'il fit aussitôt enchâsser dans l'or et dans la soie, comme une relique de saint Janvier; et à tous ceux qui venaient le voir, il montrait ce luth vermoulu qui, disait-il, valait plus qu'une couronne.

Par une fatalité affreuse, il advint que l'ancienne propriétaire de l'instrument monta un jour chez le comte, qui n'eut rien de plus pressé que de lui faire admirer sa châsse bien-aimée.

— Mais vous n'y pensez pas, comte, vous avez ma guitare.

—Vous voulez rire, Madame.

— Nullement, c'est bien là cette vieille guitare que j'ai donnée l'autre soir à...

Alors, une explication sérieuse désillusiona ce trop crédule comte, qui jura, tout pâle de fureur, qu'on ne l'y prendrait plus. Le lendemain, la juive adorée répondit par des éclats de rire aux doléances de son piteux amant ; mais pourtant elle eut pitié de lui ; car, pour un billet de 500 francs seulement, elle tira du grenier la vraie guitare, celle qui avait frémi à ses douleurs de jeune fille, et la remit à son fanatique, chez qui on peut la voir splendidement enchâssée. Pauvre sot ! âme de juive !

ALMIRE GANDONNIÈRE.

Rue Richelieu.

KANS-KANS.

Une des plus jolies femmes de Paris est , sans con-
tredit, Mlle ..., du théâtre du Gymnase. Ses cheveux
noirs et soyeux feraient envie à une créole. Elle a
le front dessiné comme une Vénus grecque; ses sour-
cils longs et soyeux, se rejoignant tant soit peu sur
le front, vont en se rebroussant vers les extrémités,
de façon à former le parfait arc de Cupidon. Son nez,
long et fin , est coquettement retroussé par le bout,
comme pour laisser large place aux baisers, sur ses
lèvres rouges et fortes. Ses yeux promettent et tien-
nent, *dit-on*, de la volupté à briser les tempéraments
les plus forts. Elle possède, avec cela, un petit men-
ton rond, et avançant d'une façon toute impériale.

C'est la femme de Paris qui porte le mieux le costume masculin. De plus, c'est une femme d'esprit,
au dire de ses ennemies, et une très bonne fille, au
dire de ses amants. Nous le croyons, car on ne peut
être méchante ni cruelle avec des traits aussi charmants. Voici un mot d'elle qui prouve sa bonté.

Il y a quelques jours, étant chez une de ses amies,
elle s'aperçut que sa camarade agissait par trop li-
béralement avec la bourse d'un naïf héritier de banquier, que ses charmes avaient séduit.

Le jeune homme avait déjà fourni le cachemire de rigueur et les bijoux exigibles. Puis, on lui avait demandé des chevaux : il s'empressa de les envoyer ainsi que la calèche nécessaire auxdites bêtes. Mais la charmante actrice n'était pas encore satisfaite : il lui fallait un mobilier Pompadour, des tapis d'Aubusson, et tant d'autres choses que notre mémoire ne peut les énumérer ; enfin, de quoi ruiner un juif allemand. Le pauvre jeune homme, dont le cœur était pris, ne savait pas résister.

Mlle X. se contentait de plaindre le pauvre diable. Enfin, celui-ci allait partir, pour aller réaliser tous les caprices de sa maîtresse, quand Mlle X., voyant briller une chaîne de montre sur le gilet de l'amoureux ruiné, dit à sa camarade :

Olga, ma chère, vous le laissez partir ainsi ; mais remarquez donc... Il a encore sa montre.

Après ce trait, n'êtes-vous pas de l'avis des amants ?

Je me souviens qu'étant fort jeune, j'avais un ami dont j'enviais beaucoup le sort ; il avait une maîtresse, et cette maîtresse était au théâtre. Nous avons tous plus ou moins souhaité une femme de théâtre. Il habitait l'hôtel Corneille, près de l'Odéon. J'y ai souvent soupé avec Mlle X. ; elle était alors à un malheureux petit théâtre près la Bastille. Mon dieu, qu'elle était jolie ! Je ne sais vraiment pas si elle était plus gentille alors qu'elle est belle aujourd'hui ; mais elle a bien souvent fait rêver mes seize ans.

Se souvient-elle de moi? j'en doute... Ses yeux sont si beaux, ils ont dû rencontrer tant d'enfants amoureux, que mon souvenir a pu s'effacer dans le nombre. Et mon ami, le joyeux étudiant, maintenant avocat à ..., en Berry. Oh! il était trop distingué pour qu'on l'ait oublié.

Les femmes gardent toujours douce souvenance des hommes spirituels qu'elles ont rencontré. Mon bon P..., ton nom est sans doute écrit à une des meilleures places, sur les feuillets du cœur de la plus jolie et d'une des plus aimables femmes de Paris.

A propos de Mlle X., si nous parlions de la *Grâce de Dieu*. Qui se souvient d'avoir vu, il y a une douzaine d'années, une toute petite et toute jolie enfant jouant avec une rare intelligence les rôles insipides des pièces que MM. les vaudevillistes font pour le théâtre du passage Choiseul? Personne.

Alors, vous souvenez-vous, si vous avez fait vos études de droit ou de médecine, de la jolie actrice qui créa le rôle de la jeune fille, dans une, comment donc intituler cela: voyons? comédie. Intitulée *la Jeune Fille et le Soldat*, pièce du théâtre de Bobino? Ma foi, non!

Après deux années passées à Lisbonne, du temps de la direction Nezel, avez-vous été, au théâtre du Panthéon, voir *le Sylphe*? Non.

Cependant tous ces rôles étaient remplis par mademoiselle *Grâce de Dieu*, maintenant au théâtre des

Bohémiennes. Elle a laissé partout des souvenirs trop singuliers pour n'avoir pas place dans notre publication. A Bobino, ce fut un jeune Portugais qui l'entraîna à Lisbonne. A son retour à Paris, n'étant pas connue, elle alla frapper au théâtre du Panthéon, dans le quartier de ses anciens succès. Le directeur, homme d'esprit, s'empressa de le lui ouvrir. Ses beaux yeux, ses admirables cheveux blonds, ses épaules arrondies, sa poitrine bombée, ses jolies dents, son gracieux sourire, sa taille élancée, et ses jambes bien faites, en fallait-il tant pour la faire accepter avec joie par le public jeune et ardent du pays latin ? Pardieu, non. Quand on est jeune et fort, il en est des femmes comme des repas, on consomme beaucoup et on ne choisit pas. Les sens parlent trop haut, pour que le goût se puisse développer.

La *Grâce de Dieu* eut un succès énorme. Une de ses amies disait même, à ce propos : qu'il n'était pas étonnant d'entendre la salle entière s'émouvoir à son entrée, puisqu'il n'y avait que ses amants qui l'applaudissaient. Nous voulons bien admettre que c'est là une méchanceté de rivale piquée.

Mais la *Grâce de Dieu* est comme la liberté d'Auguste Barbier, elle ne prend pour amant que des hommes forts, qui la *fouaillent du soir jusqu'au matin*. Aussi, tous les beaux fils de famille qui lui jetaient des fleurs furent-ils essayés, puis abandonnés pour des cabotins vieux, laids et forts.

Un jour elle s'ennuya ; avait-elle épuisé ses acuïtés ? je ne sais... Mais elle contracta, à l'improviste, un engagement avec le directeur d'un théâtre de boulevard. Au moment où l'on s'y attendait le moins, elle abandonna le directeur qui l'avait accueillie avec tant de bienveillance.

On raconte dans les coulisses qu'ayant pris un jour le fils d'une de nos gloires impériales, ce jeune homme rencontra chez elle toute une troupe réunie; qu'on lui proposa de faire un pique-nique, et qu'ayant jeté sa bourse sur la table, il s'en fut, pour ne pas rester dans la société de messieurs les anciens et les futurs amants de la dame du logis. Ce qui n'empêcha point ces messieurs de ripailler avec la somme qu'il leur avait jetée. Mais n'importe où la *Grâce de Dieu* va chercher ses adorateurs, nous ne croyons pas que, dans une réunion de quinze ou vingt hommes, il ne s'en soit pas trouvé un pour lui jeter son aumône au visage.

Ce qu'il y a de certain, c'est son duel, ou plutôt son pugilat avec Mlle X., dont nous parlions tout à l'heure. Ceci a eu lieu à propos de je ne sais quel banquier ou agent de change, enlevé à Mlle X. par *la Grâce de Dieu*. Cela s'est passé devant *témoins*, et, au dire des personnes présentes, cette dernière manie tient admirablement les armes naturelles qu'enseigne Michel Pipeu, Lecourt.

Vous m'avez enlevé mon amant, c'est très mal.

— Si vous ne lui faisiez pas de traits, il vous serait resté fidèle.

— Ce n'est pas là la conduite d'une camarade.

— Je m'en moque pas mal.

— Je le crois, une femme comme vous, etc., etc.

Tel est le commencement du dialogue qu'a rapporté un petit journal de l'époque.

Maintenant, *la Grâce de Dieu* est satisfaite, elle possède un amant tel qu'elle le désirait. Il est peu de jours qu'elle parut au théâtre avec de nouvelles contusions, qui pour elle certifient de l'amour qu'elle inspire.

Vous pouvez tout enlever, disait Mme K., du théâtre des Variétés, à son tapissier : M..... vous paiera le nouveau mobilier; c'est convenu.

L'ouvrier, après avoir tout emporté, selon l'ordre de la jolie femme, s'approchait du lit pour le démonter :

Oh! n'y touchez pas, il doit toujours me rester, je le garde par reconnaissance, c'est lui qui a tout gagné.

L'appartement de Mme K. est un des plus splendides et des plus beaux de Paris. On le va voir par curiosité. Un jour, que plusieurs dames du haut monde le visitaient, pendant l'absence de la propriétaire, elle rentra tout-à-coup. Et ces dames de lui faire des compliments sur le bon goût et la richesse de son Eden.

—Oui, s'écria Mme la comtesse de V..., c'est merveilleux, c'est beau, c'est riche, c'est plein de fantaisie, comme un conte de fées.

Oui, dit Mme K., c'est le *compte des Mille et une Nuits...*

Après Mlle D., du Palais-Royal, Mme K. passe pour la femme la plus spirituelle de nos théâtres.

C'est encore elle qui disait à une de ses amies, à qui il avait pris fantaisie d'apprendre l'anglais.

Quel est cet homme vieux, sale et déguenillé que que j'ai vu, en entrant ici, sortir de ton appartement?

— C'est l'homme qui me montre l'anglais.

— Ah! ma chère, prie ton amant de lui donner un de ses vieux pantalons, car il pourrait bientôt te montrer autre chose.

Mlle E. de B., que la Russie nous a enlevée dernièrement, était une fille de bonne maison, que la fortune ou le goût avait fait monter sur les planches. Son père, noble, d'une ancienne famille de gentilshommes verriers, avait joué les queues rouges à Bordeaux, du temps de l'empire. C'est lui qui, plaidant contre sa fille pour en obtenir une pension alimentaire, disait:

Ma fille n'a que douze cents francs d'appointements, c'est vrai, mais elle trouve moyen d'avoir des

chevaux, des domestiques et un appartement de
mille écus sur le boulevart. Elle devrait bien écono-
miser dix-huit cents francs sur ces appointements,
pour me donner de quoi vivre.

Mlle E. est une des dernières femmes qui ait fran-
chement accepté la condition que le théâtre fait aux
actrices. Elle s'amusait, disait-elle; et que ceux qui
ne sont pas contents aillent se plaindre au pape...

Mlle E., comme toute fille noble, avait un blason.
Un jour, M. O..., ancien directeur des Variétés, ayant
prié un de ses amis, très savant en fait d'art héraldique,
de faire des recherches pour trouver les armes de la famille de B., celui-ci consulta les œuvres des pères An-
selme, Ménétrier, Wilson de la Colombière, Payot, etc.,
et revint avec les armoiries demandées. Mais il y
avait une exergue, et la devise manquait. Alors que
fit notre archéologue, il y écrivit en riant : *Bon sang
ne peut mentir*. Mlle E., ayant fait faire son portrait,
prit la devise au sérieux, elle la fit graver. De façon
que, pour peu que ceux qui seront chargés de faire le
blason de la famille de B. dans l'avenir, trouvent ce
portrait, ils y inscriront la devise. Et ce qui était une
mauvaise plaisanterie deviendra un fait irrécusable.
C'est ainsi qu'on écrit l'histoire, dirait un homme
grave.

Il est, dans les théâtres de Paris, certains foyers
d'acteurs aussi collet-monté qu'un parloir de cou-
vent. A ce propos, une comtesse fort connue disait

5

dernièrement à un des hommes les plus spirituels de la presse parisienne :

M. X., les dames du foyer de ... sont donc bien aimables, puisqu'elles vous ont enlevé complètement aux salons, dont vous étiez un des plus agréables conteurs.

Mais non, Madame, reprit l'écrivain.

— Elles ont peut-être les oreilles moins chastes... Vous savez que chez nous, il est des mères qui interdisent votre conversation à leur fille. Est-ce là votre raison ?

— Les femmes de théâtre, Madame, mais il n'est rien de plus prude. Des histoires que je conterais devant toutes les femmes, je n'oserais pas les dire dans ce foyer-là... Elles feignent d'avoir les oreilles plus délicates que les plus grandes dames.

— Par exemple ! reprit la dame.

— Par exemple, écoutez celle-ci.

Et notre écrivain de conter une histoire décolletée...

— Je n'y vois rien qu'on ne puisse écouter.

— Et celle-ci... Il en conta une autre en deshabillé très galant.

— Oh ! oh ! dit la comtesse.

— Mais, je vous en prie, écoutez encore ceci. Et lui, de dire une de ces inventions complètement nues, qu'on se conte entre jeunes gens.

— Vous voyez, s'écria l'écrivain triomphant, les dames du monde même peuvent les écouter ?

— Je crois, Monsieur, reprit la comtesse, que vous me prenez pour une trop grande dame.

———

M. VIENNET.

M. Viennet est un immense éclat de rire.
Napoléon.

Je voudrais bien m'en aller.
Voltaire.

Allez vous faire ..... f.... iche.
Fénélon.

M. Viennet est venu au monde très jeune, dans un habit d'arlequin. On nous assure qu'il fit *Arbogaste* en même temps que ses premières dents. Comme le *Juif Errant*, M. Viennet a, sur la terre, un devoir à remplir. Il fait rire. C'est l'Alcide Tousez de la littérature française. Quand les petits journaux ne savent comment remplir leurs colonnes, ils ont recours à M. Viennet, qui leur inspire les bêtises les plus spirituelles du monde.

Et ne croyez pas que M. Viennet soit fâché de cela, bien au contraire. Il a dépensé énormément d'esprit pour être le plus ridicule de nos écrivains, et il préfère ce titre à celui de pair de France, dont il a été gratifié par son portier.

M. Viennet comprend si bien sa position drôlatique, qu'un jour, étant malade, il s'écria : — « O pauvre » *Charivari* ! que va-t-il devenir si je meurs ? Qui » pourra-t-il appeler âne et buse à ma place ? »

Une autre fois, il pria les rédacteurs des petits journaux de prendre en main la défense d'*Arbogaste*, que la Comédie-Française refusait de jouer. — « C'est dans » votre intérêt, Messieurs, disait-il, car si ma pièce est » jouée, vous aurez de quoi faire de l'esprit à mes dé-» pens pendant quinze jours. »

Arbogaste eut une seule représentation. La pairie en masse était venue assister à cette mystification en cinq actes.

> Par une insigne perfidie,
> Plus d'un pair, de dépit gonflé,
> Vint siffler à la tragédie
> Et se fit persiffleur d'un pauvre pair sifflé.

Nous qui connaissons M. Viennet, nous pensons

> Que dans son vaste esprit, Viennet avait conçu
> Son guet-à-pens de tragédie,
> Pour rendre en masse à la pairie
> L'ennui qu'il en avait reçu.

La vengeance n'était déjà pas si mal imaginée. M. Dumas n'a-t-il pas pillé M. Viennet, quand, pour se venger de ses confrères, il a fait jouer *Lorenzino*, ennui en cinq actes sans vers.

A peine au sortir de l'enfance, don Quichotte-Viennet choisit la poésie pour Dulcinée, il lui écrivait des épîtres écrites au feu du bivouac, en 1813. Il reçut son baptême poétique par une pièce qu'il baptisa *Clovis*. C'était une tragédie : ne riez pas, car rien n'est plus vrai. Talma fut cause que cette pièce fut prise au sérieux.

Avez-vous lu quelques vers de M. Viennet. — Non. Tant pis, vous sauriez alors combien ils sont durs et coriaces. C'est au point qu'à *Leipsig*, un boulet de canon ayant frappé M. Viennet en pleine poitrine, l'auteur de *Clovis* éprouva seulement une forte commotion. *Arbogaste* lui avait servi de cuirasse. M. Viennet fait des vers à l'épreuve de la bombe.

Un jour, se promenant en bateau sur la Seine, M. Viennet avait, par mégarde ou par malice, apporté son poème de *Parga*. Il osait même en lire le premier chant, quand tout-à-coup un naufrage devint imminent. Pour s'y soustraire, Mme ***, amie de l'auteur, lui dit :

De vos vers j'aime la manière ;
Mais quand vous promenez sur l'eau,
Ah ! jetez-les dans la rivière,
Ils feraient couler le bateau.

En disant cela, Mme *** souleva avec peine de sa main gantée l'œuvre de M. Viennet, et la Seine emporta avec elle un chef-d'œuvre qui rompit toutes les mailles du filet de Saint-Cloud.

M. Viennet a été lu quelquefois, par hasard. Le *Constitutionnel*, de ridicule mémoire, en avait fait un de ses Dieux. Quel est l'écrivain qui n'a pas été un peu Dieu pendant sa vie ?...

Le public, cet ogre qui dévore, tous les jours, tant de productions, a oublié que M. Viennet a publié :

Les Epîtres au Capucin.
Clovis. — Tragédie.
Parga. — Poème.
L'Epître aux Chiffonniers.
Sigismond. — Tragédie.
Le Siège de Damas. — Poème.
Sédim. — Poème.
La Philippide. — Poème.
Promenade au Père-Lachaise.
Aspasie. — Opéra.
Les Serments. — Comédie.
La Tour de Montlhéry. — Roman.
Le Château de Saint-Ange. — Roman.

Ne trouvez-vous pas que le bagage littéraire de M. Viennet est assez lourd. L'épicier a pensé de même, et ne croyez pas que ce soit pour dire une méchanceté que je parle ici de l'épicier. — Toutes nos publications modernes ne vont-elles pas y mourir. Demandez plutôt à l'éditeur *Lachapelle*.

M. Viennet a joué aussi un rôle de campagne dans la mystification de 1830. Il fut un des 221 qui, admirez la Providence, n'auraient été que 120 s'il n'avait pas été là.

En 1839, M. Viennet fut fait pair de France. Les électeurs de Béziers, las d'êtrereprésentés par ce triboulet politique, avaient donné son siège à un représentant sérieux.

MM. Salvandy et Trognon ont fait de nombreux efforts pour lui ravir le sceptre du ridicule. Mais M. Viennet a défendu ses droits *unguibus et rostro*.

Tout récemment, un de ses amis lui demandait comment il se faisait qu'il se laissait traiter, tous les jours, d'âne dans le *Charivari*. — « Bah! répliqua-t-il, que m'importe, cela allonge-t-il mes oreilles?

M. Viennet aurait-il véritablement de l'esprit? Ceux qui ont lu ses fables le disent tous.

> Si je voulais ici faire de la satire,
> Je dirais que Viennet est un moins que rien,
>   Car j'avais oublié de dire
>   Qu'il était académicien.

NOTES.

M. Viennet, né à Béziers, fut tour-à-tour colonel, poëte et romancier. Il avait été destiné, dans son enfance, à remplacer son oncle dans la cure de Saint-Méry. Il fut lieutenant de marine à bord du vaisseau l'*Hercule*. Il a été prisonnier sur les pontons anglais. Il se comporta bravement à Lutzen et à Bautzen, où il reçut la croix d'honneur. Deux de ses tragédies lui servirent de plastron à Leipsig, et lui sauvèrent la vie. Devenu colonel de l'empire, il vit son épée brisée par les traités de 1815 ; député de la gauche pendant la restauration, il s'est rallié au pouvoir de Juillet, qui a récompensé son dévouement par un fauteuil à la chambre haute.

LE MARCHAND DE CONTREMARQUES.

Ce bipède a d'ordinaire la figure fortement *picassée*, le nez rouge, les cheveux grisonnants et en fouillis ; il sent le vin, a les lèvres bleues et une dent de moins, que lui a usée le brûle-gueule ; quand cette dent ne lui manque pas, il chique à mort, et semble être payé par la corporation des marchands de fromages pour tuer les mouches au vol.

Ce bipède porte ordinairement un chapeau gris ou noir, mais qui a incontestablement éprouvé le malheur des renfoncements aux guerres civiles de la barrière ; sa redingote habituelle (il ne connaît pas l'habit, à moins que ce soit l'habit d'un croque-mort retiré) est longue jusqu'aux talons et d'un drap foncé et couleur de muraille ; ses bottes sont de ces bons faiseurs qui restaurent la chaussure humaine en plein vent, au détour de quelques rues de la cité.

LES FEMMES TROQUÉES.

M. D...., le plus fat de nos auteurs dramatiques, vient d'être le héros d'une plaisante aventure. Lié d'amitié avec un acteur que nous appellerons *Léon*, ils logeaient sur le même carré et dans la même maison ; ils vivaient même ensemble ; tous deux étaient mariés, et tous deux étaient... ce qu'ils sont encore.

Malgré les devoirs qu'impose l'amitié, M. D.... fit la cour à la femme de Léon. Peu cruelle de son naturel, la jeune actrice céda à l'attrait du fruit défendu ; mais

Léon se douta bientôt de cette intrigue. Il surveilla
son ami D... et acquit la preuve de son malheur. Un
sot aurait crié, un sage se serait résigné ; mais Léon,
qui n'était ni sage ni sot, résolut de se venger. L'occasion se présenta le jour même. Léon prétexta une
absence, et tout aussitôt M. D... et l'épouse infidèle se
mirent en *conversation criminelle* dans le domicile conjugal. Léon, sûr de son fait, revient précipitamment
en jurant et en sacrant dans les escaliers. Avertie de
sa présence par le bruit qu'il fait, Mme Léon fait cacher l'auteur dramatique dans une armoire qu'elle
referme à clé. Aussitôt l'acteur rentre.

Il paraît furieux contre son directeur, et il renvoie
sa femme sous un prétexte assez plausible. Resté
seul, Léon court chez sa voisine Mme D... Il prie
cette dame de passer chez lui ; celle-ci, n'ayant aucun soupçon, le suit avec empressement ; aussitôt
l'acteur ferme la porte de sa chambre et jure à
Mme D... un amour éternel. Mme D... lui rappelle
ses devoirs d'un ami ; elle veut faire de la vertu et
de la dignité, mais des baisers brûlants et des gestes
plus expressifs encore arrêtent ses paroles et ébran-
lent sa vertu. Mme D... choisit alors le *mezzo termine*
de s'évanouir dans les bras de Léon... M. D..., en-
fermé dans son armoire, ne perdait rien de cette
scène, dont il n'a pas voulu nous révéler les dé-
tails. En historien fidèle, nous dirons que l'on parlait très peu ; seulement Mme D... disait encore :—

Oh! Léon, je ne veux pas, même quand l'ennemi avait pris la place d'assaut ; nous ne dirons pas non plus quel fut le nombre exact des soupirs et des baisers ; nous dirons seulement, qu'après une heure de doux travaux, Léon se dirigea tranquillement vers l'armoire, l'ouvrit et dit à son ami D.... : « Mon cher, nous sommes quittes, et désormais nous avons chacun deux femmes. »

Monsieur D...,, honteux et confus,
Jura, mais un peu tard, qu'on ne l'y prendrait plus.

On nous assure que, voyant sa tête vide d'idées, M. D... se moquant du *qu'en dira-t-on,* va mettre lui-même sa mésaventure en vaudeville. L'acteur Léon jouera le premier rôle, seulement le public est prié de ne se douter de rien à l'égard de l'auteur, — *des Femmes troquées,* vaudeville en 1 acte.

————

Un des plus laids de nos acteurs s'est fait aimer de notre plus jolie actrice, en lui envoyant la chanson suivante :

JE SUIS SI LAID.

AIR : *Quand elle vint dans ma chambrette.*

Si Dieu me fit une âme aimante,
Il vous fit naître pour charmer.
Pardonnez-moi de vous aimer,
Ou bien cessez d'être charmante.
Peut-être qu'un autre vous plaît,
Qu'il a le droit de vous le dire ;
Mais, moi vainement je soupire,
     Je suis si laid.   *Bis.*

Mais votre regard plein de charmes
Doucement s'arrête sur moi ;
Il me cause un si doux émoi
Que mes yeux sont remplis de larmes.
Oh ! mon bonheur serait complet
Si, pour suspendre mon martyre,
Vous m'accordiez un doux sourire,
     Suis-je trop laid ?   *Bis.*

Mon cœur avait fait un doux songe,
De baisers volés et rendus.
Ah! si mes vœux sont entendus,
Que ce ne soit pas un mensonge.
Je suis mon amour indiscret ;
Mais qu'il vous plaise et qu'il vous touche,
Et d'un baiser de votre bouche,
    Je suis moins laid.   *Bis.*

Si j'étais beau, vous pourriez craindre
De céder au désir d'un jour ;
Mais je suis laid, et mon amour
N'a pas même le droit de feindre.
D'un bonheur suave et discret
Je n'oserai parler moi-même.
Qui croirait qu'un bel ange m'aime?
    Je suis si laid.   *Bis.*

Enfin vous cédez à ma flamme,
Dans vos yeux je lis mon bonheur.
Quand votre cœur bat sur mon cœur,
Mon âme se fond dans votre âme.
D'un amour brûlant et complet
Nous épuiserons l'ambroisie.
Vous m'aimerez sans jalousie,
    Je suis si laid.   *Bis.*

Attribué à PAUL FOUCHÉ.

Par le vicomte de WOELL.

PONSARD.

Je suppose que vous êtes allé, il y a quelque
temps, avant que l'échauffourée classique de
Lucrèce fût déjà figée et la tempête calmée, voir
quelques amis, quelque peu distants de notre affreux Paris, de bons et braves amis, mais passa-
blement crédules et panurgiens, aussi peu coulissiers
que possible; des gens qui ignorent, parce qu'ils
n'ont jamais vu, et qui hument avec une naïve
et curieuse avidité les nouvelles déjà vieilles que
nous leur imprimons dans la capitale. Vous arriviez
crotté, fatigué, rompu. honteux de votre sale costume
de pèlerin. Avant de vous avoir offert un lit, des
habits, un verre de vin, on vous demandait tout
dabord : Comment se porte l'illustre M. Ponsard ?
Et, pendant que vous prodiguiez à vos amis les caresses les plus tendres en échange d'un lit et d'un
verre de vin qu'on ne vous offrait cependant pas,
c'était toujours M. Ponsard par-ci., M. Ponsard par-
là, et la demoiselle de la maison, rouge madone
aux cheveux virginalement collés sur les tempes,
grillait de savoir, n'osant pas le demander, si
M. Ponsard était joli garçon; et vous, impatienté :
M. Ponsard est surtout un homme comme un autre qui

aime fort manger quand il a faim, et même quand il n'a pas faim. — Mais cela n'est pas répondre; dites-nous donc ce que c'est que M. Ponsard et sa tragédie qu'on dit plus belle que pas une de Corneille, et ce qui.... et ce que.... et...

Contraint de satisfaire aux exigences de la famille, il fallut dire alors, au risque de n'être pas compris : M. Ponsard est un excellent jeune homme, natif de Vienne, en Dauphiné. Il est grand, fort, bien portant; les épaules carrées et voûtées à la charrue, propres à labourer le sol aride de la tragédie; le front ni bas, ni haut, l'air ni spirituel, ni bête, l'œil petit et clignottant d'un usurier qui semble attendre et surveiller le succès, les mâchoires surtout très fortes et vigoureusement endentées.

La *Lucrèce* de Ricourt fut jouée sur le théâtre de l'Odéon, le . . . . 1843.

— Mais nous vous parlons de la *Lucrèce* de M. Ponsard et non de M. Ricourt. Qu'est-ce que cela?

M. Ricourt est un homme infiniment spirituel, qui sait par cœur toutes les vieilles comédies, et qui prend plaisir à jouer de bons tours à cet excellent public parisien.

Un critique, que tout le monde connaît, a fait dans un de ses feuilletons un portrait exact de cet homme charmant, qui a dépensé pour servir beaucoup de gens qui ne s'en vantent pas, et inventer différents génies, plus de choses et plus d'esprit qu'on n'en met

d'habitude à faire une fortune. Qui ne le connaît pas ?
Il vous a sans doute dit comment Talma comprenait
et jouait le rôle d'Auguste ; combien Lafont était beau
dans Achille ; pourquoi l'un et l'autre avaient juste
les qualités qui manquaient à chacun. Il vous parle
de Baptiste, de Fleury et de beaucoup d'autres. Que
ne fait-il pas ? tragédies et comédies classiques, il
les connaît également, il a serré la main au Misan-
thrope, causé avec Philius, d'autant plus qu'il tient
de l'un et de l'autre. Tout le monde le vénère et
l'aime, il respecte ses gaîtés ; *le bon enfant qu'il est*,
il a oublié de s'inventer lui-même.

Or, le romantique auteur de l'article sur l'*Arbogaste* se promenait mélancoliquement à l'entour du
Théâtre-Français, et filait un mauvais coton en rêvant
à madame Lucrèce, quand Ricourt ayant avisé la tête
de l'homme et la tournure de la pièce ; Ricourt, qui
aime jouer des tours aux Parisiens et même aux
Dauphinois, lui dit : jeune homme, vous ignorez
qui vous êtes, et combien vous valez pour moi, au
moment où je vous parle. Je ne veux pas qu'on ou-
blie ce que peut Ricourt. La chose est bonne et d'autant meilleure qu'elle arrive juste à l'heure, comme
M. de Lamartine après M. de Passy ; les mélancolies
d'Elvire après les *globes d'Eléonore* ; les pantalons
collants après les pantalons à la Cosaque. — Tenez-
moi bien par le pan de ma redingote et ne me lâchez
pas. Vous serez grand, c'est moi qui vous le dis ; car

moi, je suis Ricourt, le grand Ricourt, l'ami des artistes, Rrrrricourt pour tout dire. — Et vite, fouette, cocher, à l'Odéon. — Mon ami, je tremble de tous mes membres, disait le jeune avocat. — N'aie pas peur, mon enfant, criait le prophète, ils sont encore plus bêtes à Paris qu'en Dauphiné, et l'ami J. J. n'est pas si mauvais diable qu'on le croit.

Et voilà Ricourt chez Janin, le catéchisant de son mieux et le *lorsempionant en style artistique* à l'endroit de cette noble production qui devait ramener sur les planches les belles soirées de l'antique tragédie; et l'Aristarque agonisant sous le poids de cette lecture, de s'écrier volontiers : mais, mon cher, de mon temps (*temps d'Hernani*), les Pradons étaient des soleils en comparaison de cela; et Ricourt de lui dire comme *ultima ratio :* mais, l'ami Janin, nous avons bien inventé cette petite Rachel, pourquoi n'inventerions-nous pas Lucrèce. — Au fait, pourquoi pas, dit cet excellent Janin, déjà fatigué de la chose, en vrai critique qu'il est, comme si elle avait vingt ans de succès.

Et d'un, dit Ricourt. Il faut empoigner Jay. — Jay empoignera Jouy. Les amis des amis sont les amis. On dit que ces messieurs sont amis de Racine, et Racine est certainement des nôtres. — Ricourt aimait son protégé, mais il s'en amusait. — Son air peureux et sa voix craintive le divertissaient beaucoup. —

6

Ce garçon-là, disait-il, a toujours l'air de chercher la clef du cabinet.

Il faut vous dire, mes chers amis, qu'à Paris nous avons une exécrable et envieuse habitude qui consiste surtout à déprécier le mérite studieux, le succès acheté à force de labeurs. Sitôt qu'un homme a de quoi chausser de temps en temps des bottes neuves, payer quelques claqueurs, nourrir quelques maîtresses, et élever ses enfants, on cherche immédiatement autour de soi quelque jeune nigaud pour lui improviser une grandeur rivale; et chacun de se dire : je suis las de l'entendre appeler tous les jours le grand poète, l'illustre poète, le noble poète. Cette tactique n'est pas mauvaise et ne manque pas de charmes pour les amateurs de mystifications; mais il arrive souvent que la bêtise publique dépasse les espérances de l'inventeur, et qu'après avoir fabriqué un préjugé, une *vox populi, vox Dei*, il est obligé, le premier, de subir sa plaisanterie, et d'adorer, chapeau bas, l'argile qu'il a pétrie.

Figurez-vous qu'un jour, dans un pays qui ressemblerait beaucoup à notre bonne France, et naturellement divisé en factions, comme tout pays constitutionnel doit l'être, on se dégoûtât tout de bon du Roi devenu despote, et gouvernant le dos de ses sujets avec des éperons et une cravache par trop romantique. — Les jeunes et les vieux, les gens d'autrefois et ceux de demain s'assemblent secrètement dans un grand cabaret, une vaste tabagie, repaire de conciliabules et de conspirations, plus bruyant et plus bavard que le café Tabourey. Les légitimistes boivent avec les républicains, et avalent fraternellement du gros vin comme d'excellents et sincères complices. Ils ont l'air, les bonnes gens qu'ils sont, de s'entendre parfaitement sur tous les points ; ils ne s'entendent véritablement que sur un seul : à bas le despote, c'est la grande affaire. — C'est un homme brave, laborieux, qui s'enferme beaucoup dans son cabinet, et fabrique journellement d'excellentes petites chartes, et de ravissantes rhétoriques à l'usage de ses sujets, il est très affable et nous donne à tous des poignées de mains. Qu'importe, à bas le despote, et trinquons.

Cette banalité politique, mes chers amis, fut notre histoire. Nous avons offert une prise de tabac à M. Jay ; nous avons fait à M. Jouy l'honneur de causer avec lui de Racine et de Corneille. Ces messieurs, dont la vue est affaiblie par un grand âge, n'ont pas aperçu le grand et gros bibi de Ricourt qui leur faisait avaler son grand homme.

Or, l'enfant croissait et grandissait à vue d'œil ; l'innocent traducteur de Manfred avait moins de coliques et cherchait moins souvent le clef du cabinet.

L'illustre poète, le grand poète Olympio eut beau dire avec beaucoup de flegme, après avoir ouï la pièce : « il est bon que les jeunes gens s'exercent à faire ces sortes d'études.» Une foule de carrosses plus ou moins armoriés n'en vinrent pas moins encombrer les alentours de l'Odéon. Où peut s'arrêter une populace en démence ?

M. *Lireux* riait sous cape ; Ricourt admirait avec stupéfaction l'incendie qu'il avait allumé. L'émeute alla si loin qu'un soir, un jeune critique que nous connaissions à peine, amant de la muse antique et qui se compose de Delacroix et l'impuissant V. Hugo, en parlant beaucoup trop de Phidias et de Sophocle, nous sauta au col, en s'écriant : « *Hein ! ! mon ami !* — Oui, fis-je modérément, mais il y a des taches. — Il faut qu'il y en ait, répondit-il victorieusement.

Et un autre plus candide et qui fait profession d'aimer la vertu : voilà, certes, une soirée mémorable pour tous les honnêtes gens en *Europe*.

Ces soirées-là ne sont plus mémorables, à force d'être fréquentes en France. Certes, nous connaissons de vaillants et laborieux succès qui n'ont pas été fabriqués, et qui sont beaux à voir, du parterre comme de la rampe ; mais un homme du monde qui a pourtant de l'esprit, nous disait un jour, que dans toutes les réputations il y avait un *secret*. Le succès de Ponsard est composé de quelques petits secrets dont le plus gros s'appelle Victor Hugo.

En ce temps-là, il arriva un vilain cas à notre jeune stagiaire. Vous connaissez sans doute de réputation

et de fable cet excellent M. Viennet, qui avait poussé
à la roue avec toute l'honnêteté et toute la candeur
imaginables. Un malin critique s'avisa de déterrer
quelques articles d'une revue dauphinoise, où le timide protégé traitait une tragédie du pair de France
assez cavalièrement, et la rembarrait d'une façon
ultra-romantique. L'avocat viennois, qui a bien pour
les choses rudement odorantes, comme un gros succès, le flair d'un paysan, mais non pas le nez fin d'un
Parisien, s'avisa de se justifier ainsi au malin critique : « Ah! Monsieur, ce que vous avez fait là est
vraiment une bien mauvaise action, vous voulez m'a-
liéner le cœur de M. Viennet. — D'ailleurs l'article
en question n'est pas signé. — M. Bagnin : Si, monsieur. — Ponsard, plaidant la circonstance atté-
nuante : alors, il est signé en initiales.—M. Bagnin :
alors il est signé.

Puis à M. Viennet, si mal récompensé de son zèle
classique, il écrivit une lettre larmoyante et mélan-
colique d'écolier qui a mérité le fouet, chef-d'œuvre
de prose provinciale, dans laquelle il implorait son
pardon, alléguant qu'à l'époque où il s'était permis
de ne pas trouver *Arbogaste* un chef-d'œuvre, il
écrivait, avec quelques misérables de son espèce,
dans une misérable revue sans abonnés, composée
pour des misérables. Ce qui a dû paraître du dernier
galant, et du dernier patriotique aux collaborateurs
dauphinois.

Ce malheureux-là ne saura jamais se camper fière-
ment sur un piédestal, ni faire une gacieuse cour-
bette.

Les coliques étaient presque passées, on était presque grand homme, et comme les grands hommes
ont souvent de grands ridicules et de petits travers, il
fallut les singer. Voltaire, Châteaubriand et Victor
Hugo ont écrit plus de petits billets dans la capitale
et en Europe que la petite maîtresse la plus assiégée.
Ponsard se mit à distribuer des autographes assez bizarres; son sonnet à Mme Dorval, où le solécisme latin
se pavanait à chaque vers, nous fit beaucoup rire. S'il
avoua à Mme Dorval qu'*elle lui montrait trois fois la
nature dans l'art*, par compensation, il déclara à
Mlle Nathalie, du Gymnase, qu'elle était une grande
tragédienne, etc. Ricourt admirait de plus en plus.

Une foule de belles dames, très gentilles, vinrent
savourer le songe de Lucrèce, s'enivrèrent *de ce dard*,
et ne daignèrent pas rougir devant cette anatomie
qui eût effrayé cet excellent et naïf Peters Borel que
vous ne connaissez sans doute pas, mes chers amis.
De jeunes diplomates, très cravatés, et quelques
pairs de France vinrent étudier les profondeurs politiques de Valère et de Brute, nigaud de mélodrame,
qui dit ses secrets à tout le monde. Bref, il est peu
de gens qui n'aient voulu dormir un peu devant ce
drame hideusement romantique, et affreusement
immoral.

Car, il ne faut pas s'y méprendre, vous surtout, mes bons amis, qui vous nourrissez de doctrines et de bibliothèques classiques, dans le fond de votre province. Ce jeune contre-révolutionnaire est beaucoup plus romantique que vous ne le pensez. Il aime assez les curiosités étrusques, les gâteaux de farine, et les défroques de Caligula ; s'il cultive le songe classique, il ne dédaigne pas les sorciers qui viennent de loin et autres *guanumasiers*.

Un jour, Janin assistait à une répétition de *Don Juan*, de M. Delavigne ; il le trouva fort beau et fit à l'auteur les compliments les plus emportés. Voici comme il se comportait deux jours après, dans son feuilleton : Certes, la comédie de M. Delavigne a du bon ; *il y a* du Marivaux, *il y a* du Beaumarchais, *il y a* du Molière, *il y a* du Victor Hugo !!! Pauvre M. Delavigne ! le grave académicien, qui avait si naïvement avalé les encouragements du feuilletoniste.

Et certes, dans le genre Jay, Jouy, Baour-Lormian, V. Hugo, Racine, etc., etc., et compagnie, agréablement tempéré par une sage timidité, M. Delavigne avait déployé une vigueur et un tout autre esprit que le poète d'hier.

De même qu'en pilant dans un mortier du Dorat avec du Victor Hugo, vous obtenez *Arsène Houssaye;* de même, en saupoudrant Tite-Live d'*André Chénier,* et Racine de Catulle, vous faites un *gâteau de farine* fort indigeste, qu'on nomme Ponsard, fait grand homme par hasard, comme Sganarelle, médecin malgré lui.

La biographie de M. Ponsard s'arrête jusqu'ici à la fin du cinquième acte de *Lucrèce;* nous ignorons quelles seront plus tard ses opinions politiques, quand il viendra, la croix à la boutonnière, représenter à la Chambre les intérêts de son endroit; sans doute elles seront encore des ponsifs et des postiches.

Pauvre enfant! qu'on a trop tôt enivré; lui qui avait tant de coliques quand il ne mangeait que du miel, quelles crampes d'estomac, quand il faudra boire le vinaigre! — Et en ce monde, avant ou après, il y en a toujours à boire.

Ricourt se console de sa triste invention en cherchant à en inventer une autre.

C'est depuis cette malheureuse aventure que toutes les mères de famille qui veulent du bien à leurs enfants, toutes les femmes de comptoirs qui rêvent une célébrité à leur progéniture, leur disent : Pourquoi ne fais-tu donc pas quelque chose comme Ponsard?

Ricourt reçoit de temps à autre des lettres ainsi conçues :

Mosieu Rikoure,

Che fous enfoi un petit trachedit queue jé fé. C'est *Remmus et Romullus*, et che fous seré pien opliché te fer pour moi ce queue fous affre fé bour mosieu Bonsar ; che fous seré bien opliché tout à fès.

Et che vous salut.

HORATIUS SERGEON,
Rue te la Santé, n° 10.

—Maintenant, donnez-moi à boire, laissez-moi m'aller coucher, et prêtez-moi un volume de Corneille.

Dernièrement on parlait du roman d'*Amaury* devant M. A. Dumas. — C'est bien mauvais, s'écria le Christophe Colomb de la Méditerranée ; qui donc a fait cela ?

Parbleu, je crois que c'est vous puisque votre nom est au bas.

— Ah ! c'est bien ; j'en ferai des reproches à Maquet.
C'est naïf.

UN MOT DE LEPEINTRE.

Mlle Du Cancan ayant dit à Lepeintre jeune, qu'elle venait d'acheter une maison de campagne.— L'agréable aërostat lui répondit : Et tu l'as payée avec les *rrrheins*, ma fille, ce n'est pas cher.

— Qui n'est pas cher ?

— Ce n'est fichtre pas toi.

———

Une de nos célèbres actrices mariées, dit quelque fois à son mari : — Monsieur, ce soir vous ne rentrez pas, on vous attend au café de Paris.

Le mari suit l'injonction conjugale ; mais le lendemain matin il trouve sur la cheminée de sa femme une bourse oubliée la veille, et dont il prend loyalement la moitié du contenu.

———

CONTRE-PARTIE DES ACTRICES GALANTES.

MADEMOISELLE ADÈLE HALLEMBACH.

Ce n'est pas la première fois que ce nom est imprimé en tête d'un article. En 1839, un abbé, qui, depuis, est devenu célèbre, avait déchiré sa soutane pour les beaux yeux d'Adèle, et depuis cette époque, les ouvrages de l'écrivain gardent un parfum de cet amour. Aujourd'hui, Adèle, reine par la beauté, va le devenir encore (nous l'espérons du moins) par la grâce, l'esprit et le talent. Après avoir fait quelques courtes apparitions sur les théâtres du *Panthéon* et de *Comte*, elle va paraître aux *Folies-Dramatiques*.

A la veille de ses débuts, nous croyons être agréables à nos lecteurs, en reproduisant ici l'article suivant, extrait des *Belles Femmes de Paris*, et dû à la plume de l'auteur de l'*Assomption de la Femme* et de *la Mère de Dieu*.

Autant les belles vierges de l'école allemande diffèrent de la Vénus antique, autant la grâce blonde et rêveuse de notre jeune étrangère diffère de la beauté de Mlle Georges et de Mme Ida Dumas.

A voir ses yeux bleus comme le ciel qu'ils semblent toujours chercher et réfléchir, son front pur, où passe cependant une ombre de mélancolie comme une ride sur un lac, la candeur presque enfantine de ses traits et de son maintien, on croirait que la poésie mystique est parvenue à incarner son idéal, et que Mlle Allenbach est l'ange des douces rêveries et des saintes amours (1).

Mais l'illusion devient complète, et l'intérêt qu'elle inspire se change en admiration et en sympathie, lorsque, admis dans le chaste gynécée, où elle se cache avec sa mère, on apprend quelques-uns des secrets de sa vie.

En 1830, lorsque le feu des barricades faisait éclater l'insurrection des trois jours, une femme pâle et tremblante, passait à travers les balles en pressant sur son cœur une petite fille aux cheveux longs et bouclés : c'était la femme d'un officier suisse, et l'enfant, pour les jours duquel elle tremblait plus que pour les siens, devait être notre douce et charmante Adèle.

Le pays de son père, qui la réunit à sa famille, fut pour elle comme un exil. Sa mère, fervente catholique, s'enfuit bientôt en France avec sa fille, dont la religion lui semblait menacée ; et pendant quelque temps, elles supportèrent à Paris les rigueurs d'une

(1) En 1843, Mlle Allenbach, étant dame de comptoir au café Véron, fut appelée par les habitués, *Fleur de Marie.* Elle est, en effet, la parfaite et poétique réalisation du rêve de Eugène Sue.

laborieuse pauvreté, rendue héroïque par le sentiment qui en était cause.

La providence a sans doute béni Mlle Adèle ; car elle est grande, et belle maintenant, et jouit de la position que méritaient ses vertus et ses malheurs.

Voici une romance qui lui a été adressée, il y a déjà quelques années, et que nous l'avons entendue répéter elle-même quelques fois :

A ADÈLE,

Enfant chérie, ô mon aimable Adèle,
Ange du ciel sur ma route envoyé,
Comme un parfum d'une rose nouvelle
J'ai près de toi respiré l'amitié,
Que tous les jours elle croisse embellie,
La jeune fleur, la rose que j'aimais !
Tu grandiras, tous les jours plus jolie,
Mais nos amours ne vieilliront jamais.

Dans cette vie, oh ! puissent, mon Adèle,
Tes pas légers ne trouver que des fleurs !
Mais souviens-toi de ton ami fidèle,
Si tes beaux yeux répandaient quelques pleurs !
Et, si parfois la douleur nous rassemble,
Au sein de Dieu nous chercherons la paix ;
Entre ses bras nous pleurerons ensemble...
Et nos amours ne vieilliront jamais.

Quand tu souris, il semble qu'un génie
D'un doigt folâtre efface mes douleurs,
Et dans mon âme une tendre harmonie
Mêle à ta voix des concerts enchanteurs.
En souriant, tu m'as nommé ton père :
Que ce doux nom soit le mien désormais !
D'autres, un jour, t'appelleront leur mère ;
Mais nos amours ne vieilliront jamais !

Sais-tu pourquoi mes yeux sont pleins de larmes
Quand de tes yeux je contemple l'azur ?
C'est qu'il est doux de rêver sans alarmes
A la candeur d'un amour chaste et pur.
Le temps qui meurt doit-il jamais renaître,
Et mon bonheur prévoit-il des regrets ?
Tu grandiras... nous vieillirons peut-être ;
Mais nos amours ne vieilliront jamais (1).

(1) Nous avons reproduit cette romance, parce que dans ce petit chef-d'œuvre on reconnaît la manière de l'auteur. Béranger a, cette fois, un véritable rival ou plutôt M. l'abbé Constant a fait un pendant à la jolie chanson : *Vous vieillirez, oh ma belle maîtresse !* Quoiqu'il en soit, nous sommes trop discrets pour vous dire que la romance et la biographie sont du même auteur. (Renvoi au chapitre suivant.)

« Nous n'oserions plus maintenant adresser des vers à Mlle Adèle Allenbach; nous craindrions que, malgré nous, ils ne fussent trop tendres, ou que la rime ne se contentât trop difficilement du mot *amitié*, le seul que sa mère et sa vertu permettent jusqu'à présent de prononcer devant ses beaux yeux et ses vingt ans. »

Nous n'avons rien à ajouter, quand à présent, à cette jolie biographie; l'avenir seul peut y ajouter quelques pages. Espérons qu'elles seront glorieuses et brillantes.

—

L'ABBÉ CONSTANT

ET UN PEU L'ABBÉ OLIVIER ÉVÊQUE DÉVREUX.

Il y avait une fois, messieurs et dames, un gros petit abbé qui avait, disait-il, beaucoup de génie, peu de dévotion, disaient ses confrères, et assez d'orgueil, à ce que prétendent tous ceux qui l'ont connu.... Mais à propos, l'avez-vous connu? Savez-vous ce que c'est que l'abbé Constant? Est-il vivant ou mort? communiste ou guizotin? catholique ou panthéiste?

Est-il à vendre, ou vendu ou ne peut-il pas se vendre?
Est-il toujours vierge et pour cause, ou s'est-il fait
décidément le don Juan de la calotte? Est-ce un ogre,
est-ce un saint, est-ce un diable, est-ce un ange? ou
ne serait-ce pas par hasard, rien du tout? Questions
difficiles, épineuses, et dont la solution peut encore
se faire attendre, bien que le besoin s'en fasse géné-
ralement sentir.

L'abbé Constant a débuté dans les lettres par un petit livre d'une dévotion quelque peu trop romanesque
et mondaine, intitulé le *Rosier de mai.* Le clergé y
trouva trop d'imagination amoureuse et le livre fit
à huis-clos et sourdement quelque bruit..... dans la
sacristie. L'auteur fut exilé chez les moines béné-
dictins de Solesme, et personne ne s'occupait plus
de lui lorsqu'il apparut tout-à-coup parmi les républicains du quartier Saint-Antoine et lâcha un pam-
phlet fulminant, intitulé la *Bible de la liberté.*

Le public ne peut entrer dans les chagrins per-
sonnels de tout le monde, et si, parce que l'on se
trouve dans une fausse position dont on est, après
tout, plus ou moins l'artisan. On avait le droit de
devenir furieux et de tomber à bras raccourci sur les
passants, il vaudrait mieux vivre à Charenton ou du
moins on enchaîne les fous. La Bible de la liberté était
une œuvre de folie, et l'on mit l'auteur en prison pour
huit mois. Sans doute on eut égard à l'état maladif
de sa tête et à sa moralité personnelle; car les doc-

trines sauvages de son livre méritaient une peine bien
plus sévère.

Il y prêchait la résistance à main armée contre
tout ce qu'il appelle des oppressions, c'est-à-dire aux
enfants contre leurs parents et leurs maîtres, aux
femmes contre leurs maris, à tous contre la société.
On y trouvait cette maxime féroce : le suicide est
lâche parce que l'homme assez malheureux pour
désespérer de la vie ferait mieux de s'en venger sur
les autres et de débarrasser la société au moins d'un
de ses oppresseurs avant que de mourir. Après
avoir exhorté les pauvres à dépouiller les riches,
saisi tout-à-coup comme d'un vertige digne d'un
Caligula ou d'un Néron au Petit-Pied, il s'écriait :
mais ceux qui dépouilleront les riches, deviendront
riches à leur tour, et trouveront leur châtiment dans
leur victoire.... Voleurs contre voleurs, assassins
contre assassins, ruez-vous, égorgez-vous, entredé-
chirez-vous !... Si cet homme méritait la prison,
c'était au moins les galères, et s'il ne les méritait pas,
il lui fallait une maison de santé.

Notre opinion consciencieuse à nous qui connaissons ce pauvre abbé, c'est qu'il écrivait en colère,
et qu'il jouait avec des paroles criminelles dont il ne
sentait pas lui-même toute la portée, comme un enfant joue avec les couteaux. Elevé dans les semi-
naires, exalté à l'ombre du cloître, repoussé par
le monde comme un paria, et persécuté par les pré-

7

tres comme un mondain, il devint *rageur*, qu'on nous
passe cette expression ; il eut le tort d'écrire ses bou-
tades et le malheur de trouver un éditeur qui les im-
prima et s'en mordit trop tard les pouces. L'éditeur
Legallois était jeune autant que l'auteur était fou.

Du reste, l'abbé s'appaisa et écrivit l'assomption
de la femme. Encore des rêveries creuses, mais plus
douces. On trouve dans ce singulier petit écrit une
poèsie d'enfant et des rêves de jeunes filles ; l'auteur
y laisse voir aussi la mobilité de sa tête songeuse , en
faisant éclater le plus grand dégoût pour les mêmes
républicains qui la veille étaient ses amis. Il y a là
le germe d'un talent, la preuve d'un jugement bizarre,
pour ne pas dire plus , et les fumées d'un célibat
monté au cerveau. La mère n'en permettra pas la
lecture à sa fille. Telle n'est pas la mère de Dieu.

On assure que dans la prison l'abbé fut mal accueilli de ses compagnons de captivité, qui se ven-
gèrent assez peu noblement de la trop franche et
trop rude abjuration de leur conduite et de leur
amitié faite par l'abbé dans son *assomption*. Les
hommes sont si méchants, quand ils sont libres, qu'on
doit peu s'étonner s'ils s'entremordent sous les ver-
roux.

Le plus mirobolant de l'histoire c'est que l'abbé
ayant reconnu ses erreurs et voyant clairement que
les hommes d'opposition n'étaient pas ses frères, s'en
alla mourir chrétiennement à Choisy-le-Roi, au sor-

tir de sa captivité, si l'on en croit les journaux catholiques qui, comme on sait, n'ont jamais menti.
Puis ressuscita avant même le troisième jour sous la
forme d'un missionnaire ensoutanné, entricorné, et
prêchant dans les campagnes, comme précurseur de..
devinez quel Messie? Je vous le donne en mille —
l'abbé Constant, l'auteur de la Bible de la liberté,
l'amoureux écrivain de l'assomption de la femme,
le nouvel Abeilard, si l'on en croit le malicieux enthousiasme de ses peu nombreux amis, le mort édi-
fiant de Choisy-le-Roi précedait et accompagnait
dans ses visites pastorales Monseigneur Olivier,
évêque d'Evreux.

Du reste, il faut le dire, ses prédications étaient
simples, douces et vraiment chrétiennes ; souvent
des larmes lui applaudirent, lui qui avait dit aux
hommes : déchirez-vous les uns les autres, il sentait sans doute le besoin de se rétracter et du fond de
ses entrailles, avec une voix pleine d'émotion et de
regrets, il exhortait le pauvre peuple à se consoler
de ses peines par une grande générosité de miséri-
corde et d'amour, en attendant qu'il s'affranchisse
par son travail et ses vertus. Un de nos amis, qui a en-
tendu le missionnaire d'Evreux, nous a dit avec con-
viction, décidément cet homme n'est ni un méchant,
ni un hypocrite. Ce que je ne conçois pas c'est qu'on
le fasse prêcher sitôt dans la chaire chrétienne au sor-
ir de Sainte-Pélagie. Nous sommes heureux de n'être

plus à l'époque des bûchers, mais il y a de l'excès quelquefois même dans l'indulgence, l'Eglise reconnaîtrait-elle ses torts envers l'abbé, et a-t-elle voulu faire devant lui amende honorable ; le fait serait unique dans l'histoire et mériterait de faire époque dans les annales de l'Eglise.

D'ailleurs, si l'on en croit les bruits qui nous viennent d'Evreux et les allarmes du chapitre, l'abbé n'aurait abjuré que sa colère et les violences de sa prétendue Bible ; il serait toujours aussi hétérodoxe qu'hétéroclite, et il menacerait encore l'Eglise de plusieurs livres de sa façon ; on parle surtout d'un poème en prose, à la manière de l'Apocalypse et du Dante qui doit donner le dernier mot de la pensée et du talent de l'abbé. Il est question aussi d'un recueil de poésies mystiques, mais peu catholiques qui seraient prochainement éditées par un dieu Cheneau quelconque, l'abbé tourne assez facilement un vers, comme on peut le voir par quelques chiffons trouvés dans sa cheminée, et entr'autres par cette tirade qui servait de début à un poème sur l'enfer, que l'abbé, converti, aurait livré aux flammes :

. . . .

Quand Jehova, sous la force éternelle,
De la nature eut élargi le sein,
Il fut surpris par l'archange rebelle

Qui méditait un amoureux larcin :
Pendant six jours à sa femme embrasée.
Dieu prodigua la céleste rosée,
Mais le septième, il s'endormit enfin,
Les reins brisés, sans haleine et sans force :
Le diable alors, plus dispos et plus fin,
A la nature offrit sa vive amorce ;
La pauvre mère avait les flancs très chauds,
Elle mordit à la fatale pomme,
Et le bon Dieu fut traité comme un homme,
Malgré sa foudre et ses brûlants réchauds.

A son réveil, on sait le tintamarre...
Sous son courroux le paradis trembla.
D'un coup de pied reçu dans la bagarre,
Pendant neuf jours Satan dégringola.
Mais du bon Dieu la femme était enceinte,
De son époux d'abord, puis du galant ;
Elle enfanta d'abord la cité sainte,
Où des esprits niche le chœur volant ;
Ce premier fruit fut la pure semence
De Jehova : Notre monde à son tour
Vint à son terme, et c'est la médisance
Qui l'attribue au diabolique amour.
Mais dans son ventre enflé par la luxure,
Et par l'hymen du diable et du bon Dieu,
Après sa couche on dit que la nature

Sentait encore grossir un germe en feu:
Du beau Satan c'était la graine pure;
A son époux elle cacha son mal,
Mais un beau soir, comme aux jeunes étoiles,
Pour s'amuser le ciel donnait un bal ,
Au firmament elle emprunta ses voiles,
Puis se glissa sans lumière et sans bruit,
Pour guide ayant la négresse la Nuit,
Hors du palais de son vieux Sganarelle.
Il était tard : la douleur maternelle
La prit bientôt sur le chemin du temps,
Et la pauvrette accoucha dans les champs,
Mais elle avait eu des peurs si terribles,
Quand son mari tempêtait dans les cieux,
Qu'elle mêla quelques monstres horribles
Aux tendres fruits de l'archange amoureux.
Car à la fois en se tordant la bouche
Comme un enfant qui crache un fruit amer,
Elle enfanta dans sa dernière couche,
L'amour, la mort, le plaisir et l'enfer.

Si la grande épopée de l'abbé Constant est sur ce ton, ses lecteurs seront édifiés sans doute, mais que dira M. Olivier ? Que pensera le vieux chapitre a peut-être alors l'abbé s'en tirera-t-il par un tour de force, et publiera-t-il, pour se faire tout pardonner par les amis de la cour, une épître à Louis-Philippe

dont nous avons quelques fragments, et une autre
à M. Guizot, où il se trouve des passages remarqua-
bles, comme vous allez en juger :

Après tant de choses disparates, j'en reviens à
mon premier dire, et je me demande ce que se de-
manderont tous ceux qui n'auront rien de mieux à
faire que de s'en occuper : qu'est-ce donc que l'abbé
Constant ? Si je le demande au clergé, le clergé me
soutiendra qu'il n'existe pas; si je le demande aux
républicains, ils se mettront en colère et me répon-
dront des injures; si je le demande à Mme Flora
Tristan, elle se mettra à rire et me parlera d'autre
chose; ma foi, je prendrai le parti, si jamais je passe
par Evreux d'aller le visiter lui-même, et s'il n'est
pas trop bourru ce jour-là, je l'aborderai le plus
honnêtement possible et je lui dirai : Monsieur,
auriez-vous la complaisance de me dire ce que
c'est que l'abbé Constant ?

ENCORE UN....., COCARDEAU.

M. Cocardeau ne s'appelle pas du tout Cocardeau ; mais comme je ne puis vous dire son nom, je l'appelle ainsi. Or, ledit sieur Cocardeau mène un existence *parfumée*, et joint à cela une place de *contrôleur* aux bals de certain théâtre. Pendant que monsieur est à la porte, madame *Cocardeau*, qui aura bientôt trente-huit ans, bien qu'elle se donne des airs enfant et qu'elle n'avoue que vingt-quatre ans, madame Cocardeau court déguisée au milieu du bal, où elle aime beaucoup à intriguer les jolis cavaliers. Au dernier bal, un jeune homme lui offrit à déjeuner ; madame accepta, mais elle fut bien embarrassée quand il s'agit de suivre son *Balochard*. Elle ne savait comment tromper la surveillance de son époux, quand elle aperçut une amie. Aussitôt elle lui dit quelques mots à l'oreille, et bientôt elle fut avec elle dans une loge où elle changea de costume. Grâce à cette précaution, elle put sortir du bal sans être remarquée de son mari, qui un instant après se grattait fortement le front (sans doute par un pressentiment de ce qui lui arrivait.) Après un déjeuner qui dura deux heures et demie, madame Cocardeau rentra au bal ; on remarqua qu'elle rougissait souvent en regardant son cavalier, qui était radieux et qui la tutoyait assez tendrement. Après avoir promis un rendez-vous, la jeune femme rejoignit son amie, reprit son costume et sortit enfin du bal, sous le bras de son mari, qui ne se douta guère qu'à cette heure il était entré dans la confrérie que Molière désigne sous le nom de C....., et Gavarni sous celui de Cocardeau.

LES BILLETS DE LA FIN DU MOIS.

Mademoiselle Louisa K'eésen était actrice du théâtre de la Porte Saint-Martin ; jeune et jolie, elle trouva bientôt protecteur dans la personne de M. Eugène Labiche, jeune littérateur coupable de quelques *quarts* de drames et de vaudevilles, et auteur d'un roman *inédit*, quoique imprimé. M. de Courchamps allait en faire la découverte, quand *le National*, troublant la douce quiétude de *la Presse*, a révélé l'origine du *Val funeste* de l'auteur des *Mémoires de madame de Créqui*.

Mais revenons à M. Eugène Labiche qui, pour faire excuser ses *attentats littéraires*, dépensait gaîment son fonds avec son revenu. Il était amoureux fou de mademoiselle Louisa, qui feignait pour lui la plus vive tendresse, et qui l'aidait de son mieux à ensevelir son capital. Des envieux, jaloux du bonheur des deux amants, jetèrent des soupçons dans l'ame d'Eugène. On lui fit entendre que son ange adoré s'humanisait souvent avec de jeunes et galants mortels. On lui parla de déjeuners acceptés, de rendez-vous nocturnes et de mille autres choses encore. Eugène refusait de croire à tout cela; mais comme il est très jaloux, il fut trouver Vidocq et le pria de faire surveiller les actions de mademoiselle Louisa. Celle-ci, ne se doutant de rien, continuait gaîment le cours de ses folles amours, et devenait tous les jours de plus en plus infidèle. Chaque infidélité nouvelle valait à Eugène les marques du plus tendre amour; celui-ci aussi se montrait très prodigue..... en promesses. Il voulait acheter à Louisa un équipage et une maison de campagne. Lorsque celle-ci recevait ces promesses, elle était folle de joie. Cependant, comme l'espérance ne nourrit pas, elle se hasarda à demander quelques centaines de francs à son généreux protecteur.

—Je n'ai pas d'argent, dit Eugène, mais demain je t'enverrai des billets.

Le lendemain, mademoiselle Louisa recevait, sous enveloppe trente petits billets qui donnaient jour par jour un compte-rendu exact de sa conduite.

M. Eugène avait été beaucoup plus spirituel dans sa vengeance que dans ses œuvres littéraires. Mademoiselle Louisa vient de partir pour la province, en maudissant Vidocq, créateur des *assurances intimes et conjugales.*

OPINIONS

DE

LUCIFER SUR LA FEMME.

Les hommes, tous les jours, par un caprice étrange,
De celle qui leur plaît font galamment un ange;
Hélas! les insensés ne savent ce qu'ils font,
Car la femme, vois-tu? c'est pire qu'un démon.

Son ame dans le bien jamais ne se repose;
Comme un poison mortel se glisse dans la rose.
Sa funeste beauté s'empare de vos cœurs,
Et le poison se mêle aux doux parfums des fleurs.

Malheur à qui s'endort dans l'amour d'une femme !
Malheur à l'homme aimant qui lui donne son ame !
Malheur à qui se laisse imprudemment charmer !
La femme a-t-elle un cœur ? pour qu'elle puisse aimer.

Poéte dont la voix toujours pleure et soupire,
Ne célèbre jamais ce dangereux vampire,
Qui, desséchant des cœurs jeunes et pleins d'amour
Les rend tristes et froids avant la fin du jour.

. . . .

Et vous direz encor que la femme est un ange ?
Non, l'esprit de l'enfer anime cette fange.
Pour la femme, tu fus chassé du paradis,
Et pour elle, de Dieu je fus deux fois maudit.

Combien en ai-je vu de ces êtres sans ames
Parodier l'amour et ses sublimes flammes ?
Combien à des vieillards ont vendu leur beauté ?
Quel cœur de femme, hélas ! ne fut pas acheté !

L'une repaît ses sens d'un amour impudique ;
L'autre de sa beauté impudemment trafique.
La coquette se plaît à vous faire souffrir,
Heureuse quand pour elle un amant va mourir.

Ah ! ne croyez jamais à l'amour d'une femme,
Sa voix, comme un poison, torturera votre ame.
Ce perfide serpent qui sait feindre et mentir,
Ne veut ouvrir jamais son ame au repentir.

Signé de ma griffe de fer,
LUCIFER.

GEORGES DAIRNVOELL.

(*Note de l'éditeur.*) L'auteur ne partage pas les opinions de Lucifer.

UN MOT DE M. E. BRIFFAUT.

M. Briffaut a beaucoup d'esprit, mais on lui reproche cependant quelquefois, avec raison, un peu trop le trivialité.

M. Briffaut a fait six mois la guerre à un acteur, . Montdidier. Quand celui-ci a voulu connaître la ause de cet acharnement, M. Briffaut la lui a fait onnaître sans peine.

M. Montdidier avait dans sa loge un vase nocturne; nadame Atala B. voulut le lui emprunter; l'artiste

ayant positivement refusé, madame Atala s'en plai-
gnit à son chevalier, M. E. Briffaut; celui-ci, pour
venger la dame de ses pensées, ne trouva rien de
mieux que d'abîmer M. Montdidier dans son *feuilleton*. Ceci peut donner une idée de la manière dont
M. Briffaut procède en critique.

———

BOUTADE

SUR

LES FEMMES.

Pour servir de réponse à Lucifer.

Bien que l'on en médise, — il faut aimer la femme.
Assis à mon foyer, quand j'attise la flamme,
Je pense bien souvent à celle que j'aimais;
A celle que mes yeux ne reverront jamais!...
Un souvenir d'amour est encor douce chose;
Ne se souvient-on pas du parfum de la rose?

Ne se souvient-on pas d'avoir sur son chemin
Admiré la fraîcheur du lis et du jasmin ?
En traversant un bois, qui de nous ne regrette
Le suave parfum de l'humble violette.
Le vieillard accablé des injures du temps
Ne regrette-t-il pas l'amour et le printemps ?
Quand le poison d'amour vous plongea dans l'ivresse,
Ne vous souvient-il pas de l'heure enchanteresse ?
Ne vous souvient-il pas du premier rendez-vous ?
Et de ces mots brûlants que l'on dit à genoux ?
A ces doux souvenirs votre oreille charmée
Semble écouter encor la bouche bien aimée ;
Rouge de vos baisers, tremblante dans vos bras,
Votre idole renaît, et murmure tout bas
Cette chanson d'amour que chacun sait comprendre,
Et qui parle un langage aussi naïf que tendre.
Heure d'illusion qui va trop tôt finir !...
Tout ce qui plaît au cœur y laisse un souvenir ;
Un amour qui n'est plus agite encor ma lyre,
Fait battre encor mon cœur, renaître mon sourire.
Je songe aux heureux jours qui me vinrent charmer,
Et comme en mon printemps je veux encor aimer.
Aimer !—Et cependant je sais que les plus belles
Sont faites pour tromper et pour être infidèles;
Je sais bien que la femme a le désir moqueur
De troubler pour un rien la paix de notre cœur ;
Mais l'amour est ici tout ce que je moissonne,
J'aime sur ma poitrine un sein blanc qui frissonne.

J'aime une taille fine et de beaux cheveux noirs,
J'aime ces doux baisers échangés tous les soirs ;
Ces regards amoureux que le désir inspire,
Et ces moments passés dans les bras du délire.
Je sens battre mon cœur sous des regards de feux,
Et j'aime les yeux noirs autant que les yeux bleus.
J'aime à faire l'amour, nuit tombante, à la brune.
Quand le ciel de Paris n'est pas veuf de la lune,
Quand il ne fait pas froid et quand il ne pleut pas,
Surtout quand j'ai pu faire au moins un bon repas,
Oh ! j'aime bien alors, aux nobles Tuileries,
Sur un vieux thème usé, faire mes BERGERIES,
M'asseoir sous un grand arbre, et, tout près d'elle,
Presser sa blanche main et voler un baiser.
J'aime la femme !... mais sans croire à sa constance,
Et sans avoir jamais une folle espérance,
Car je sais qu'il n'est pas d'éternelles amours,
Et que l'on ment souvent lorsque l'on dit : TOUJOURS.
Je sais que si la femme est aveugle, est volage,
Ce n'est pas un oiseau qu'on doive mettre en cage.
Car un homme jamais ne pourra retenir
Celle qui dans son cœur brûle de le trahir.
Aussi, belle aux yeux bleus, guêpe à la taille frêle,
Jurez que pour toujours vous me serez fidèle,
Jurez que j'ai fixé votre cœur indécis,
Jurez que nous serons PHILÉMON et BEAUCIS :
Les serments amoureux et les serments bachiques
Sont par moi mis au rang des serments politiques.

Si je vous ai juré de vous aimer toujours,
J'espère vous tromper au plus tard dans huit jours.

9 février 1842.

GEORGES DAIRNVOELL.

———

HISTOIRE MERVEILLEUSE

ET

FANTASTIQUE

DE

L'A. B. C.

> Dites-moi ce qu'il pense et je vous
> dirais ce qu'il est.   (*Confucius.*)
> La vérité est une taupe,   (*Milton.*)

L'A. B. C. n'aquit 38 ans avant Jésus-Christ, et mourut pour la première fois l'an 1500.

Un jour, c'était sous le règne de Ponce Pilate, gouverneur de la Judée, L'A. B. C. absorbait une *Dive* bouteille de *Johannisberg*, lorsque la sonnette vint

8

l'avertir de la présence de quelques étrangers. C'était
en effet MM. saint Pierre, saint Paul, Judas et compagnie. Ces messieurs avaient prêché tellement *in de-
serto* qu'ils avaient le gosier vide. L'A. B. C. leur offrit
des rafraîchissements, et comme il était très gourmet,
il fit venir, pour les régaler, des comestibles de chez,
Chevet.

Après avoir dévoré des bifteak, des côtelettes à la
Soubise et des tripes à la mode de Caen, MM. les apô-
tres furent se coucher. Bonne nuit, leur dit l'A. B. C.,
ne faites pas de mauvais rêves. — Merci. — Là-dessus
ils se séparèrent, et l'A. B. C., qui avait cédé son lit à
saint Pierre, fut patriarchalement partager celui de
sa jeune servante, Madelon. Ce qu'il y fit, je pourrais
vous le dire, mais je me tais par respect pour les
mœurs.

M. Judas passe la nuit d'une autre manière. Il s'em-
para des couverts, et fut les vendre chez un brocan-
teur.

Le lendemain, dès que le coq eut commis son premier *kakaraka* auquel on répondit *kokoroko*, saint
Pierre se leva et dit à l'A. B. C., qui était déjà inclus
dans sa robe de chambre :

Mon cher ami, je viens reconnaître dignement votre
hospitalité; demandez-moi tout ce que vous désirerez,
et comme je suis faiseurs de miracles, un de plus ou
de moins ne me coûtera pas davantage; demandez,
et vous serez exaucé!

— Je demande d'aberd de vivre cinq cents ans?

— Accordé, dit saint Pierre, mais vous avez mal choisi dites; encore.

— J'ai, dans mon jardin un superbe poirier, permettez-moi que celui qui y grimpera ne puisse jamais en descendre sans ma permission?

— Accordé; faites un nouveau souhait, mais de grace qu'il soit meilleur.

Je suis très joueur, dit l'A. B. C. Je demande que celui qui s'assiera sur mon fauteuil, ne puisse se lever sans ma permission, et de plus, je désire, en jouant aux cartes, gagner toujours sans tricher, ou, comme le dit mon compère Eugène Sue : gagner du *carme* sans être forcé de *maquiller les brêmes*.

— Vous n'êtes qu'un *gonce*, répliqua saint Pierre; n'importe, je vous accorde votre demande; mais comme vous avez fait des choix très profanes, désormais vous serez aimé des femmes, mais vous ne les aimerez et ne pourrez les aimer qu'en chanson comme les *Sopranos* de la chapelle Sextine. Ayant ainsi parlé, saint Pierre mit du *tréfoin* dans sa *chiffarde*, bénit l'A. B. C., l'exempta de l'enfer à perpé-

---

(1) Notre savant collaborateur éclaire ici un grand point de l'histoire de l'auteur des *Mémoires du Juif errant*; sachant que M. Sue est contemporain de cet illustre voyageur, nous ne doutons plus de l'authenticité de l'ouvrage que va publier l'auteur des *Myrtères de Paris*.

tuité, et ayant bu un coup de vin blanc, sortit avec ses camarades en chantant la *Marseillaise* des communistes.

Après s'être fait chrétien, l'A. B. C. s'adonna à l'étude de la théologie qu'il ignora toute sa vie sous le nom de Rabelais. Il a déridé ses contemporains en leur contant l'histoire de *Pantagruel* et du grand *Gargantua*. Les médisants qui oubliaient ou qui ne savaient pas ce que saient Pierre lui avait promis pour les femmes, disaient qu'il avait pour gouvernante une jeune fille fraîche, jolie, au sein de lys, à la taille cambrée et... tout cela n'était pas vrai, car l'A. B. C. ne caresse jamais que la bouteille.

Les rats rongèrent, dit-on, le lourd bréviaire du joyeux curé de Meudon. Ma foi, disait celui-ci, ils ont eu plus de courage que moi, je n'avais jamais pu y mordre.

On dit cependant que saint Pierre ayant oublié de parler des mignons, l'A. B. C. en eut plusieurs pour amis pendant son séjour à Rome.

Enfin, les 500 ans étaient écoulés lorsque la mort vint lui rendre visite. En voyant l'A. B. C. elle se mit à rire.—« Je suis prêt à vous suivre, dit-il, à la mort; seulement, veuillez me rendre un petit service; j'ai soif, veuillez, s'il veus plaît, me cueillir une poire. » La mort n'hésita pas, monta sur l'arbre, cueillit des poires et les jeta à l'*a. b. c.*; puis, elle voulut descendre, mais envain. — *Ventre-saint-gris*, hurla la mort, ne pourrais-je descendre?

— Tu ne le pourras pas, dit le curé en riant.

— La mort furieuse veut faire un saut, mais elle perd l'équibre et demeure accrochée par le pied comme un saucisson chez un charcutier ; en vain fit-elle des efforts inouis, elle ne pouvait se débarrasser. Le curé, pour échapper à ses cris, passa quinze jours à la chasse. Cela fit un scandale immense. Les malades vivaient malgre les médecins, les ministres vivaient malgré les chambres, les impôts malgré les bourgeois et les pièces de théâtre malgré la censure. Saint Pierre, qui ne voyait plus venir pesonne en Paradis, si ce n'est quelques ames du Purgatoire, passait le temps à lutiner sainte Madelaine, tandis que Satan, debout à la porte des enfers, jurait comme le maréchal Soult, et s'écriait : — *Ventre-bleu, la mort z'est-elle morte, de par la bataille de Toulouse; que signifie tout cela?*

Enfin, sainte Madelaine, ennuyée des galanteries du portier du Paradis, s'étonna de ne voir venir personne de la terre. Tout le ciel fut bientôt en rumeur, et M. Gabriel, ayant attaché ses ailes, descendit sur la terre. Quand il fut arrivé près de l'*a. b. c.*, il fit de ses ailes des ailes de pigeon, prit un habit noir, l'air fripon, suivant la loi, des lunettes, et des paperasses, et fut transformé en parfait notaire.

Il dressa bientôt un contrat entre les soussignés

M. l'*a. b. c.*, d'une part, et madame la mort, d'autre part. Voici le texte principal.

L'an 544, sous le règne du gracieux *Maccarone-le-Grand*, il est convenu que très haute (1) et très noble dame la mort descendra du poirier où la retient la volonté de l'*a. b. c.*; en récompense ladite mort signera à l'*a. b. c.*, un bon pour 500 ans. Après la signature seulement les conditions seront valables.

La mort ayant enfin obtenu la liberté, se vengea sur les autres du mauvais tour de l'*a. b. c.*, et changea tant d'ames en docteurs, que bientôt le vieux Caron ne sut plus comment faire pour faire passer de l'autre côté du Styx toutes les ames qui lui étaient envoyées.

Les historiens ne nous disent pas ce que fit l'*a. b. c.* pendant les cinq cents autres ans qu'il avait à vivre; seulement, le 20 décembre 1044, la mort était encore attendue par notre héros. En attendant celle-ci, l'*a. b. c.* était au coin d'un bon feu, n'ayant dans sa chambre qu'un siège vide, c'est-à-dire le fauteuil dont il avait parlé à saint Pierre.

La mort arriva bientôt engourdie par le froid; elle prit de suite place dans le fauteuil, et se chauffa les tibias. — Enfin, mon cher, rien ne peut plus te sauver, et tu vas enfin me suivre. En disant cela, la mort voulut se lever; mais elle s'aperçut qu'elle était immobile.

(1) La mort était alors à la hauteur d'un pendu.

« Oh! chien d'*a. b. c.*, s'écria-t-elle.... Que je suis
» bête ! »

L'A.B.C. se mit à rire et mit tant de bûches dans le
foyer, que la mort se rôtissait tout le corps ; la pauvre
dame criait, mais *l'a.b.c.*, qui avait été inquisiteur était
dans une jubilation suprême ; il croyait encore voir
brûler un hérétique.

Enfin, vaincue par la douleur, la mort consentit à
renouveler son bail avec maître *a. b. c.* — ici les
historiens ont encore la stupidité de garder le silence;
seulement *Froissard* nous apprend que l'*a. b. c.* fut
pendant deux cents ans curé *d'Asinorum* dans le
diocèse de *carpafrita*. Après ce temps l'*a. b. c.* se
prépara à la mort. Le 20 decembre 1544 ayant eu une
indigestion de dinde truffée et de turbot à la sauce
piquante ; sans parler des 21 littres des vin auxquels le
saint homme avait bien voulu donner asile.

Après avoir eu de superbes obsèques l'*a. b. c.* fut
passer quelques centaines d'années dans le purgatoire.
Quand il en sortit, au lieu de monter au ciel en droite
ligne, il fut visiter les enfers avec la curiosité d'une
femme ou d'un touriste anglais. Malheureusement
Satan n'y était pas, il était alors occupé par M. Fré-
déric Soulié, auquel il dictait des mémoires. Enfin
ayant pu s'échapper un moment, il revenait dans son
empire. Tous les feux étaient éteints par les indul-
gences papales, et ce fut à peine si *Satan* put se pro-

curer une allumette chimique pour allumer le cigare,
qu'il venait d'acheter 25 centimes à Paris.

Après avoir allumé un bec de gaz, Satan fit asseoir
son visiteur et causa des nouvelles de l'autre monde;
enfin, comme la conversation languissait, *l'a. b. c.*
proposa une partie de cartes à Satan. Que jouerons-
nous, dit celui-ci.—Ce que vous voudrez dit *l'a.b.c.* en
tirant les cartes de sa poche. — Eh bien! une de mes
ames contre la tienne. — Je veux bien. Aussitôt la
partie s'engage. Je n'ai pas besoin de vous dire que
les cartes maquillées par st. Pierre firent leur effet.
Il y avait peut-être un peu de friponnerie dans le jeu
du bon *a.b.c.* Mais que voulez-vous, il était jésuite et
ne faisait jamais rien de mal sans faire une restric-
tion mentale. *L'a.b.c.* gagna bientôt toutes les ames
qui étaient aux enfers. Satan allait même jouer la
sienne, quand il fut soudain appelé sur la terre par
un coup de sonnette de M. le baron de Luizzi. Il jetta
les cartes avec colère, et *l'a.b.c.* ayant mis toutes les
ames dans son manteau, fit signe à un cocher de *ballon
omnibus* et monta allégrement vers le ciel. Il heurta
long temps à la porte, St. Pierre vint enfin lui ouvrir
en trébuchant. Que voulez-vous? lui dit-il, Entrer
céans, dit *l'a.b.c.* Attendez donc que j'aie mes clefs

Allons, Margot,
Je vais passer pour nigaud,
Rendez-moi mes cléfs, disait saint Pierre.

Enfin, margot, ayant entrenu *l'a. b. c.* consentit à rendre les clefs dont elle s'était emparée dans un moment d'ivresse. Au moment d'ouvrir la porte st. Pierre s'aperçut que son ancien hôte n'était pas seul. Les règlements sont positifs, s'écria-t-il, et les entrées sont personnelles. L'*a.b.c.* disputa long temps pour faire entrer ses ames ; enfin st. Pierre ayant été prendre des ordres supérieurs revint dire à *l'a.b.c.* qu'il devait faire sa déclaration du nombre d'ames qu'il voulait introduire. — Ditez à votre maitre que, quand vous êtes venu chez moi avec ce coquin de Judas qui m'a volé ma vaiselle d'argent, je ne vous ai pas demandé combien vous étiez, quoique vous fussiez assez nombreux. — Cet argument décida st. Pierre, et les ames de 36 papes, 185 rois, 12 empereurs, 800 évêques etc., etc. entrèrent tout-à-coup dans le céleste séjour. Le ciel changea tout-à-coup d'usage ; les cantiques furent remplacés par des romances et les prières par des bals masqués. On dit que *l'a. b. c.* abusa tellement de l'amitié que l'on avait pour lui, qu'il seduisît plusieurs grandes dames, et que le bon Dieu l'envoya en exil sur notre planète.

L'*a. b. c.* ne sachant quoi y faire, s'est fait tour-à-tour, *pervertisseur* et *convertisseur*, *poète* et *jésuite*, *démocrate* et *royaliste*, *communiste* et partisan de *l'émancipation de la femme.* Dire ce que pense au juste *l'a.b.c.* serait assez difficile. Sur terre, il n'a pas oublié **Marie**, à laquelle il envoie de fréquentes missives.

dédaigneux de tout il ambitionne tout. Il s'est fait *Dieu*, puis il a donné sa démission. Il se serait fait facilement grand homme s'il l'avait daigné comme le lui a ordonné st. Pierre. Il a respecté la femme, d'abord par vertu, puis.... parce qu'il aime mieux la chanter. Le regard de *l'a.b.c.* est magnétique. Il est modeste comme Satan, chaste comme un vers de Lamartine, ou licencieux comme l'Aretin. Enfin qu'est-il? Je n'en sais rien, allez le lui demander, et il vous le dira quand il sera pape. Aujourd'hui, 15, février 1844, il n'est encore que *diacre*.

G. vicomte de WOELL.

———

A propos de ce petit livre. — Une actrice disait : j'espère que l'on ne pourra pas me mettre au nombre des actrices galantes — et pourquoi donc pas? — je suis vertueuse et j'ai résisté à tous mes soupirants depuis.... huit jours.

— C'est vrai répartit sa compagne, tu as résisté à Adolphe de L., parce qu'il était mineur; à Arthur, parcequ'il était roux; à Legallois, parce qu'il était libraire; à Emile, parcequ'il est boiteux, et à Aristide, parcequ'il ne te fait pas la cour.

—Que veux-tu, ma chère, la vertu dépend souvent de moins que rien.

— D'un verrou ou d'un cachemire Ternaux.

(*Historique.*)

LES LUCRÈCES DE L'ODÉON.

Le théâtre royal de l'Odéon exploite le viol en attendant mieux ; après Lucrèce, Lavinia du *Vieux Consul*. Une dame assez laide se trouvant à la première représentation de la pièce de M. Pouroy, s'écria, en voyant *Annius*, maître de Lavinia évanouie : — *Ciel, qu'elle est heureuse ! jamais un pareil malheur ne m'arrivera.* Aussitôt que ces paroles sont sorties de ses lèvres la pauvre dame a reconnu la bévue qu'elle venait de commettre. Elle est sortie de la salle au milieu des éclats de rire du public, et n'a pas peu contribué à la chute du *Vieux Consul*.

QUELQUES MOTS SUR TALMA (1).

En 1793, à cette époque où le peuple jouissait d'une entière et fanatique liberté, *Charles IX* parut et obtint, comme on doit bien le penser, un succès éclatant. D'ailleurs Talma prêtait son admirable talent au rôle de *Charles IX* que Saint-Phal (2) refusa pour se charger de celui du roi de Navarre, bien inférieur au premier. On avait suspendu les représentations de *Charles IX*, et Talma gémissait de ne pouvoir paraître dans ce rôle où il s'était montré artiste si habile et si intelligent; aussi en appela-t-il au public qui embrassa sa cause. Mirabeau fit demander la reprise de *Charles IX* par ses Provençaux.

Un acteur vint dire que l'œuvre de Chénier ne pou-

(1) Extrait d'une biographie de Talma, qui paraîtra prochainement chez l'éditeur, rue des Prêtres-Saint-Germain-l'Auxerrois, 11.

(2) Acteur fort estimé à cette époque.

vait être jouée pour deux raisons : que madame Vestris était indisposée et que Saint-Prix était très dangereusement malade.

Le public accueillit mal ce refus, et Talma lui-même s'avança et protesta du zèle de l'administration !

« Il manque deux rôles, — dit-il, — je suis persuadé que madame Vestris, quoique très indisposée, fera tous ses efforts pour satisfaire le public dans le rôle de Catherine de Médicis ; quant à M. Saint-Prix, il est gravement malade, et si ces Messieurs veulent permettre qu'un autre acteur lise son rôle en son absence, tout pourra s'organiser. »

La proposition fut accueillie avec enthousiasme, et Grammont fut chargé, de représenter le rôle du Cardinal, le manuscrit à la main.

A la fin du spectacle, Talma fut vivement redemandé et applaudi.

Les représentations de *Charles IX* furent tellement orageuses, que Chénier demanda qu'on cessât de jouer sa pièce. On accusa Talma d'avoir lui-même formé une cabale, pour que *Charles IX* fût repris. Voilà la lettre qu'il fit tenir à Mirabeau à cette occasion :

« J'ai recours à vos bontés, Monsieur, pour me jus-
» tifier des imputations calomnieuses que mes ennemis
» s'empressent de répandre ; à les entendre, ce n'est
» pas vous qui avez demandé *Charles IX*, c'est moi qui
» ai fait une cabale pour forcer mes camarades à don

» ner cette pièce; des journalistes vendus soutiennent
» au public tout ce que leur malignité leur dicte. Si
» vous ne me permettez de lui dire la vérité, je res_
» terai chargé d'une accusation dont on espère tirer
» parti; je vous supplie donc, Monsieur, de me per-
» mettre de détromper le public, que cent bouches
» ennemies s'empressent de prévenir contre moi.

« Talma. »

Mirabeau répondit en ces termes à l'illustre tragédien :

« Oui, certainement, Monsieur, vous pouvez dire
» que c'est moi qui ai demandé *Charles IX* au nom
» des fédérés provençaux, et même que j'ai vivement
» insisté; vous pouvez le dire, car c'est la vérité, et
» une vérité dont je m'honore. La sorte de répu-
» gnance que messieurs les comédiens ont montrée à
» cet égard, au moins s'il fallait en croire les bruits,
» était si désobligeante pour le public, et même fon-
» dée sur des prétendus motifs si étrangers à leur
» compétence naturelle; ils sont si peu appelés à dé-
» cider si un ouvrage, légalement représenté, est ou
» n'est pas incendiaire ; l'importance qu'ils donnaient
» disait-on, à la demande et au refus, était si extraor-
» dinaire et si impolitique; enfin, ils m'avaient si

» précieusement dit à moi-même qu'ils ne voulaient
» céder qu'au vœu prononcé de la part du public, que
» j'ai dû répandre leur réponse. Le vœu a été prononcé
  et mal accueilli ; à ce qu'on assure, le public a voulu
» être obéi. Cela est assez simple, là où il paie ; et je
» ne vois pas de quoi l'on s'est étonné que maintenant
» on cherche à rendre, vous ou d'autres, responsables
» d'un évènement si naturel. C'est un petit reste de
» rancune enfantine, auquel, à votre tour, vous auriez
» tort, je crois, de donner de l'importance ; toujours
» est-il que voilà la vérité, que je signe très volontiers,
» ainsi que l'assurance des sentiments avec lesquels
» j'ai l'honneur d'être avec respect, votre très hum-
» ble et obéissant serviteur.

« Mirabeau aîné. »

Cette lettre fut suivie, quelques jours après, de
celle-ci qui fut publiée dans tous les journaux :

« Comme il est bon de faire connaître la vérité sur
» tous les faits, quelque peu importants qu'ils puissent
» être, permettez-moi d'avoir recours à votre journal
» pour prévenir une erreur à laquelle l'avant-dernier
» numéro des *Révolutions de France et de Brabant* peut
» donner lieu, en racontant un fait sans rentrer dans
» aucun détail.

» Il est dit dans ce numéro que Naudet va gênant
» la liberté du théâtre, frappant MM. Chénier et
» Talma. M. Chénier a eu l'honneur de vous écrire
» pour ce qui le concerne; quant à moi, je suis loin
» de nier le fait qui me regarde : il y a environ six
» mois que, le jour d'une représentation de Tan-
» crède, au moment de lever la toile, le sieur Naudet,
» sans avoir été provoqué en aucune manière, s'aban-
don na à un excès de brutalité sans exemple chez
» les hommes dont la raison n'est pas aliénée; mais
» je fis alors ce qu'il convenait que je fisse pour met-
» tre un homme à l'abri de tout reproche. Néanmoins,
» connaissant la haine des noirs de la Comédie-Fran-
» çaise et leurs habitudes, et prévoyant d'ailleurs
» que l'incompatibilité des humeurs et des opinions
» ferait naître de nouveaux sujets de querelles; je pris
» le parti, comme beaucoup des gens raisonnables, de
» marcher assez bien armé pour prévenir toute in-
» sulte, ou pour la repousser de manière à dégoûter
» les spadassins d'une seconde tentative. Depuis ce
» temps, il n'a pris fantaisie à aucun d'eux de me
» provoquer de nouveau. Voilà, Messieurs, l'exacte
» vérité, je vous supplie de vouloir bien la faire con-
» naître au public.

« Talma. »

Cette lettre produisit une très grande sensation parmi les comédiens français. Dès-lors il ne fut plus possible de s'entendre et les sociétaires résolurent de l'exclure de leur société. En effet, il ne reparut pas sur la scène française, mais le grand tragédien était aimé du public, aussi fut-il redemandé avec force de toutes parts.

Un soir des cris longuement répétés de *vive Talma !* se prolongeaient à la Comédie-Française. Les acteurs feignant de ne point entendre des murmures qu'un sourd aurait entendus, voulurent continuer la représentation, mais impossible : les acclamations redoublèrent si bien que Fleury (1), vêtu de noir, fut obligé de s'avancer devant la rampe et de dire au public :

« Messieurs,

» Ma société, persuadée que M. Talma a trahi ses » intérêts et compromis la tranquillité publique, a » décidé à l'unanimité, qu'elle n'aurait plus aucun » rapport avec lui jusqu'à ce que l'autorité en eût » décidé. »

(1) Célèbre acteur de ce temps qui fit les plus beaux jours de la Comédie Française.

Cette explication est applaudie des uns et sifflée des autres. Un effroyable brouhaha se fait entendre de tous les côtés de la salle, lorsque Dugazon (2) s'avance, et après avoir salué respectueusement le public, s'exprime en ces termes :

« Messieurs,

» La comédie va prendre contre moi la même déli-
» ration que contre mon ami Talma. Je vous dénonce
» la comédie; il n'est pas vrai qu'il ait trahi la société
» ni compromis la sûreté publique, tout son crime
» est d'avoir dit qu'on pouvait jouer Charles IX,
» et voilà tout. »

Le tumulte est à son comble, et on est obligé de faire évacuer la salle.

Huit jours après, le maire de Paris Bailly, força les comédiens à recevoir Talma, et bientôt le calme se rétablit, et tout continua comme auparavant.

Le grand tragédien mourut le 19 octobre 1826.

Le Théâtre-Français a tout perdu en perdant Talma, son plus noble appui, son plus noble fondement.

Jamais il n'est parvenu à remplacer ce grand artiste; certes, il y a quelques années les Lafont, les Joanny, et maintenant encore, les Ligier, les Beauvallet, les Frédérick Lemaître sont de bien grands artistes ; on ne peut le nier: mais ils sont encore loin de leur illustre devancier, et doivent même éprouver du découragement en songeant qu'ils sont appelés à remplacer le grand successeur de Lekain.

Les sociétaires français ont su reconnaître les services de Talma en érigeant son son buste dès le lendemain de sa mort dans leur foyer. Ils ont encore, en mémoire du Garrick français, élevé une statue sous le péristyle du théâtre, à côté de Lekain et de l'auteur de Tancrède et de Zaïre. Puisque la ville de Paris fait élever un monument à Molière, ne devrait-elle pas en ériger un à Talma qui est pour ainsi dire aussi grand dans son genre que Molière dans le sien. Il faut espérer que son tour viendra un jour ; on veut sans doute le faire attendre comme l'auguste auteur du *Misantrope* et du *Tartuffe* pour lui élever plus tard une fontaine en son honneur, à moins toutefois qu'à cette époque, il ne soit plus de mode de poser les hommes illustres sur des fontaines.

EDMOND HAINCQUE.

FIN.

Chez l'éditeur Auguste LE-GALLOIS

Rue des Prêtres Saint Germain-l'Auxerois, 11.

ACTRICES CÉLÈBRES

CONTEMPORAINES,

EN 20 LIVRAISONS. LA 7me EST EN VENTE ; 75 CENT. CHAQUE.

SOUS PRESSE :

2e SÉRIE.

MYSTÈRES GALANTS DES THÉATRES DE PARIS.

SOUVENIRS D'UNE VIERGE FOLLE,

Ouvrage inédit. — 1 vol. 1 fr.

MYSTÈRES AMOUREUX ET COMIQUES,

Par le petit-fils de M. de CRÉBILLON fils.

Anecdotes, indiscrétions, scandales et poésies érotiques.

UN BEAU VOLUME ORNÉ DE 4 GRAVURES DÉTACHÉS : 75 C.

L'ART D'OBTENIR LA CROIX ;

Aux décorés et à ceux qui ne le sont pas.

1 vol. format nouveau. Par M. E. B.

2e édition, augmentée de l'argot-moderne, clef de Mystères de Paris, précédé d'un aperçu sur les prisons de Paris.
Par un DÉTENU.

Imp. de Worms et Cie., boulevard Pigale, 46.

www.ingramcontent.com/pod-product-compliance
Lightning Source LLC
Chambersburg PA
CBHW051726090426
42738CB00010B/2109